Sivananda Yoga

Sivananda Yoga

YOGA Vidya

Swami Venkatesananda

Sivananda Yoga

Titel der englischen Originalausgabe:

„Sivananda Yoga“

Deutsche Ausgabe:
Yoga Vidya Verlag
Wällenweg 42
32805 Horn-Bad Meinberg

ISBN 3-931854-51-5

1. Ausgabe 2004: Auflage 500

Herausgegeben vom Bund der Yoga-Vidya-Lehrer e.V.

weitere Exemplare sind zu beziehen bei:
Yoga Vidya Verlag, Wällenweg 42, 32805 Horn-Bad Meinberg
Tel 05234-870, Fax 05234-87 1875
Email: versand@yoga-vidya.de
Internet: www.yoga-vidya.de

YOGA Vidya

Inhaltsverzeichnis

Vorwort

Ich sehe es als ein einzigartiges Privileg, ein kurzes Vorwort zu diesem gesammelten Band von Vorträgen mit dem Namen „Sivananda Yoga“ von Swami Venkatesananda, einem außergewöhnlichen Schüler Swami Sivanandas, zu schreiben. Ein Beweis für seine großartige Persönlichkeit sind seine mannigfaltigen Beiträge von bedeutender, seltener Qualität. Dieser auserwählte Schüler Swami Sivanandas hatte das alleinige Privileg, zu Füßen seines Meisters sitzen und jede Handlung und jedes Wort des großen Heiligen, der eine ideale Erscheinung der Göttlichen Herrlichkeit war, beobachten zu dürfen. Swami Sivananda lebte nach dem Willen Gottes und strahlte dieses auch aus.

Swami Venkatesananda könnte der Menschheit keinen besseren Dienst erweisen; er hat uns einen Einblick gegeben in das Leben und Wirken des großen Heiligen Swami Sivananda, der (es ist kaum zu glauben) vor siebzehn Jahren genau auf dieser Erde ging, auf der wir heute gehen. Swami Venkatesananda hat uns auf seine ungewöhnlich einzigartige Weise durch diese Vorträge die Tore des von Swami Sivanandas beherrschten Göttlichen Reiches geöffnet. Durch diesen geistigen Sohn Swami Sivanandas können wir Inspiration und Glückseligkeit erhalten. Er gewährt uns Einblick in das Leben und Wissen Swami Sivanandas, dass sehr inspirierend ist.

Alle Verehrung dem Autor dieses Werkes. Freuen wir uns auf viele weitere solcher ‘Juwelen‘ von ihm – DEM Kronjuwel der göttlichen Mission von Swami Sivananda.

Lucknow
April 1980
Dr. D. Kutty

Vorwort des deutschen Herausgebers

Swami Sivananda selbst schrieb einmal davon, wie wichtig es ist im Leben, Lebensläufe von Heiligen zu studieren. Schon durch das Studium könne man viel Inspiration bekommen.

Immer mehr Menschen sind auf der Suche nach Gott, nach Selbstverwirklichung und auf der Suche nach einem Lehrer oder Meister, der sie dorthin führt. Schüler sagen oft, es sei schwierig, geeignete Lehrer zu finden und Lehrer sagen, es sei schwierig, geeignete Schüler zu finden. Und wenn man keinen lebenden Meister finden kann oder will, greifen Menschen auf Bücher, in denen spirituelle Wahrheiten verborgen sind, zurück.

Dieses Buch zählt dazu. Swami Venkatesananda, ein enger Schüler Swami Sivanandas, der viele Jahre bei seinem Lehrer lebte beschreibt sehr schön, klar und humorvoll, wie spirituelles Wachstum unter der Führung eines selbstverwirklichten Lehrers möglich ist. In vielen kleinen Geschichten, die er selbst oder andere Schüler mit seinem Lehrer erlebt haben, vermittelt er den Lesern, wie man zur Selbstverwirklichung kommt und wie man Sivananda Yoga Tag für Tag üben und praktizieren kann.

Es ist ein sehr einfühlsames und mit großer Liebe geschriebenes Buch und als Leser hat man manchmal den Eindruck, in diese Zeit zurückversetzt zu werden und alles wie in einem Film hautnah miterleben zu können.

Es ist ein sehr inspirierendes, reinigendes und unterhaltsames Buch, bei dessen Lektüre ich dem Leser viel Freude und Weisheit wünsche.

Horn-Bad Meinberg

Oktober 2004

Sukadev Volker Bretz

1. Vorsitzender Bund der Yoga Vidya Lehrer

Einleitung

Im Januar 1980 wurde Swami Venkatesananda vom Dekan der Yoga-Vedanta Forest Akademy, H.H. Sri Swami Madhavanandaji Maharai, gebeten, sein Wissen um die Philosophie und Lehren Swami Sivananda's, dem großen Weisheitsbegründer der Akademie und der Divine Life Society, mit den Studenten der Akademie zu teilen.

Durch die Erfahrungen seines 17-jährigen nahen Kontakts zu Sri Sivananda, aus der Tiefe seiner Weisheit und mit seiner gewöhnlichen Klarheit und seinem Humor erweckte Swami Venkatesananda Swami Sivananda zum Leben, so dass wir, die wir privilegiert waren zuzuhören, empfanden, dass Swami Sivananda selbst in unserer Mitte zugegen war.

Die Gespräche dauerten drei Wochen. Dieses Buch ist die Frucht dieser Gespräche.

Swami Venkatesananda führte das Thema in mehreren Gesprächen während der Satsangas des Ashram weiter. Einige dieser Gespräche beinhaltet dieses Buch.

Lakshmi

Theorie und Praxis

Die Yoga Vedanta Forest Academy (ursprünglich Universität genannt) war ein Idee Swami Sivanandas. Als er sie verwirklichte, hatte er eine bestimmte und für ihn charakteristische Vision – die der Synthese von Theorie und Praxis.

In einem besonderen Teil des Himalajas gibt es viele erleuchtete Seelen (einige davon ewig schweigsam, andere mit ihren eigenen Praktiken beschäftigt) ohne den Drang – und manchmal die Möglichkeit – mit anderen zu kommunizieren. Wenn man hingeht und mit ihnen das lebt, was als Shaktiweg bekannt ist, wird man vielleicht auch Erleuchtung erreichen – aber es ist ebenso möglich, dass man es nicht erreicht.

Für die große Mehrheit der Menschen ist eine theoretische Einführung sehr wichtig, bevor sie anfangen Yoga zu praktizieren. Gewöhnlich fangen sie erst mit *Karma Yoga* (Yoga des Handelns) an, dann kommt *Bhakti Yoga* (Yoga der Hingabe), dann *Raja Yoga* (Yoga der Geisteskontrolle) und danach *Jnana Yoga* (Yoga des Wissens). Es gab einmal einen großen Acharya mit Namen Ramanuja. Seine Theorie war, dass Bhakti *nach* Jnana kommt, denn wie kann man etwas lieben, dass man nicht kennt? Wirkliches Bhakti (Hingabe) entsteht, wenn man einiges über den Menschen oder das Prinzip weiß. Tausende von Menschen mögen potentielle Yogis sein und Yoga praktizieren wollen. Wenn sie die Yogaphilosophie kennen lernen würden, würden sie wahrscheinlich diesen Weg beschreiten, aber sie werden von den Weisen, die intuitiv, ohne intellektuelles Verständnis das Ziel der Verwirklichung erreicht haben, vernachlässigt.

Krishna schlägt in der Bhagavad Gita vor:

Chaturvidha bhajante mam janah sukrtino 'rjuna
Arto jijnasur-artharthi jnani cha bharatarshabha (VII. 16)

Vier Arten von tugendhaften Menschen verehren mich, O Arjuna, die Unglücklichen, die Wissbegierigen, die nach Wohlstand Strebenden, und die Weisen, O Herr der Bharatas.

Sehr unterschiedliche Menschen wollen den spirituellen Weg begehen. Darunter sind die *Jijnasus* (Menschen, die wissen wollen). Wenn man ihnen sagt, sie müssten wie jene stummen Yogis werden, wenden sie sich entweder vollständig ab, verschwenden ihre Zeit, oder, was noch gefährlicher ist, stellen sich vor, sie wären wie ihre Meister geworden. Bloßes Geradesitzen ohne jede Bewegung macht niemanden zu einem erleuchteten Menschen. Swami Sivananda selbst amüsierte sich über diese Menschen, indem er sie mit Steinen im Ganges verglich. Die Steine liegen auch da tausende von Jahren, unbeweglich. Sind sie auch erleuchtet?

Zwei Ereignisse fallen mir ein. Damals im Jahre 1946, als das Gangesufer noch nicht erschlossen war (oder noch nicht verdorben, das hängt ganz von der Ansicht ab), gab es noch keine Stufen. Es gab eine längliche Veranda vor dem Postamt; da waren unsere Küche, unser Esszimmer, Satsangort, Büro und eben alles zu jener Zeit. Swami Sivananda leitete dort von 4.15 bis etwa 6.00 Uhr eine Morgenmeditationsstunde. Direkt auf dem Gangesufer bläst früh am Morgen ein heulender Wind, aber trotzdem kam er, genau 4.00 Uhr aus seinem Zimmer, mit einem großen Mantel und einem Schal, der als Turban gebunden war, bekleidet. Es war ein aufregender, inspirierender Anblick, diesen *Jivanmukta* (lebendig Befreiter) nur aus seinem kleinen *Kutir* (kleines Haus) herauskommen zu sehen. Regelmäßig und pünktlich nahm er an der Meditationsstunde teil. Ein Besucher aus Andhra Pradesh hatte keine Lust, an dieser Stunde teilzunehmen, saß aber dafür um 4.00 Uhr stocksteif auf einem riesigen Felsen. Eines Tages saß Swami Sivananda auf einer Zementbank, und wir waren seit einer halben Stunde in Gespräche vertieft. In der Zwischenzeit hatte dieser Herr seine Meditation beendet und kam durch die gegenüberliegende Tür herein. Swami Sivananda sah ihn an, wobei ein Auge geschlossen war. (Er schloss gewöhnlich ein Auge, wenn er etwas Interessantes sagen wollte!) Ein paar Minuten lang befragte Swami Sivananda ihn, und er erzählte, dass er jeden Tag von vier bis sieben meditierte. Swamiji sah aus als würde er ihn bewundern. Aber auf einmal veränderte sich die gesamte Szene. Er lachte: „Seht ihn euch an! Müde und verschlafen. (Zu ihm) Was machst Du? Sitzt und schläfst auf dem Felsen? Weißt Du, was Meditation bedeutet? Was Samadhi bedeutet? Die Unendlichkeit zu berühren. Weißt Du, welche Kraft, welche Energie Du bekommst, wenn Du die Unendlichkeit auf diese Weise berührst? Du sagst, dass Du drei Stunden lang tiefe Meditation und Samadhi erlebt hast. Dennoch siehst Du hinterher müde und verschlafen aus. Geh und wasch Dir Dein Gesicht." Zu jener Zeit gab es hier keinen Wasservorrat. Wir bildeten gewöhnlich eine Kette von Wasserträgern vom Ganges bis zur Küche im Keller. Swami Sivananda sagte zu dem Mann, „Schließ Dich ihnen an, mach den Tank voll, dann weißt Du, was Samadhi bedeutet." Samadhi ist also nicht bloßes Sitzen. Wenn das Samadhi ist, haben alle Steine am Gangesufer Samadhi erreicht!

Das zweite Erlebnis ist mir selbst passiert. An einem Tag im Jahre 1948 ging ich im Abstand von drei Stunden mehrmals hinunter zum Ganges. Ich sah einen fast nackten Asketen mit halb geschlossenen Augen unter einem Baum sitzen. Ich dachte, er wäre ein großer Yogi, der mehr als zehn Stunden am Stück meditieren konnte. Eines Nachts gab es etwas Aufruhr in dem Tempel, wo er als Gast untergebracht war. Am nächsten Tag war er abgereist. Als ich mich erkundigte, sagte der Tempelpriester zu mir, dass er gar kein wirklicher *Sadhu (heiliger Mann)*, sondern ein schlechter Kerl und dass seine Fähigkeit, unbeweglich zu sitzen, das Resultat irgendeiner Droge war!

Wenn man jemanden lange Zeit stillsitzen sieht und versucht, es ihm nachzumachen, ohne erfolgreich zu sein, dann gibt man entweder die ganze Sache auf, bildet sich ein, man hätte diesen Zustand auch erreicht oder findet eine Abkürzung dahin. Irgendjemand kommt vorbei und sagt: „Du verschwendest deine Zeit. Versuche mal diese Droge hier, und dann wirst du wirkliche Samadhi erleben." Und dann glaubt man vielleicht, dass der spirituelle Lehrer es genauso macht. Es führt zu allerlei Perversionen. Wenn man also diese Menschen, die sich in Höhlen zurückgezogen haben, nachahmt, wird man *vielleicht* wie sie, aber vielleicht auch nicht. Vielleicht gleitet man ins *Tamas (Trägheit)*, was sehr leicht passieren kann, ab. Also braucht man ein wenig mehr Wissen.

Für einen *Mouni Jivanmukta* (einem Selbstverwirklichten, der das Schweigegelübde abgelegt hat) ist es möglich, seine *Shakti* (Kraft) an einen *Adhikari* (qualifizierter oder reifer Suchender) zu übertragen. Adhikari ist das allerwichtigste. Ein Student, der innerlich reif ist (wie Sukadeva), braucht nur ein klein wenig Konzentration, und er weiß, was wirklich ist. Aber was geschieht all den tausenden von Menschen, die nicht so weit entwickelt sind, die noch etwas mehr theoretische Hilfe benötigen? Swami Sivananda meinte, dass die Yoga Vedanta Forest Academy Wissen über *sowohl* Theorie *als auch* Praxis vermitteln sollte.

Ein Mouni Jivanmukta mag keinen großen theoretischen Hintergrund haben. Wenn man hinunter nach Binares oder andere solche Orte geht, wird man Menschen finden, die lehren, sich aber nicht an ihre Lehren halten. Swami Sivananda respektierte sie, wie jeden anderen, aber ohne sie besonders zu achten.

Das folgende Ereignis veranschaulicht dies: Das heutige Postamt war damals unser Büro. Drei von uns saßen zusammen mit Swamiji im Büro. In jenen Tagen hatten wir nicht so viel zu tun, so dass es eine Menge Freizeit gab und Swami Sivananda viel Zeit für uns hatte. Eines Tages früh am Morgen kam ein Doktor der Philosophie herein. Swami Sivananda hieß ihn willkommen. Er setzte sich und sagte: „Swamiji, ich habe eine Frage. Bitte sage mir, was der Unterschied zwischen Nirvikalpa Samadhi und Savikalpa Samadhi." Das war eine Gelegenheit für uns zu lernen – wir hätten uns nicht gewagt, eine solche Frage selbst zu stellen – darum legten wir alle die Arbeit nieder und lauschten. Das war eine Eine-Million-Dollar-Frage! Swamiji setzte die Brille auf und sah ihn an. „Hast du schon gefrühstückt?", fragte er ihn. „Möchtest du gern Tee oder Kaffee?" Der Mann musste antworten. Er sagte: „Tee, Swamiji." Nun wurden Tee, Früchte und Bücher gebracht. Der Doktor genoss seinen Tee und etwas *Idli* (indisches Gericht). Und dann kam seine Frau. Sie kam ins Büro, blickte finster drein und sagte: „Wie lange habe ich da auf dich gewartet! Komm, wir gehen." Und still stand er auf, verbeugte sich vor Swamiji und sagte: „Ich gehe." Als er gegangen war, lachte Swamiji lange. Es war ein schönes Lachen. „Er will wissen, was Savikalpa Samadhi ist. Seine Frau sieht ihn ein Mal an und er geht." Das ist der Typ Mensch, den man sonst wo findet – *pandits (Schriftgelehrte)* mit enormem Wissen, die einen mit Diskursen über einen halben Vers der Bhagavad Gita stundenlang fesseln können. Fantastisch. Swami Sivananda liebte sie, bewunderte ihren Intellekt, aber das war alles!

Es gab noch ein sehr amüsantes Ereignis. Auf Swami Sivanandas All-Indian-Tour begegneten ihm einige Gelehrte in Varanasi. Als er, sie grüßend, an ihnen vorbeiging, fragte einer von ihnen etwas auf Sanskrit. Swami Sivananda drehte sich zu ihm und fragte: „Comment ca va, comment vous appelez vous?“ (zwei französische Sätze, die er gelernt hatte). Der Schriftgelehrte starrte ihn mit heruntergeklapptem Unterkiefer an. Er verstand die Antwort nicht. (Moral: Sprache dient der Kommunikation, nicht der Angeberei.)

Also muss man kommunizieren, und man muss lernen, *wie* man kommuniziert. Theorie und Praxis müssen Hand in Hand gehen. Das eine ist nicht der Feind des anderen sondern sein Freund und das eine ist ohne das andere nutzlos. Außer der Gefahren, die ich schon genannt habe, gibt es noch eine Weitere. Swami Sivananda selbst hat uns erzählt, dass sein einziger Wunsch war, unter einem Baum zu sitzen und die Namen Gottes zu singen, *Japa* (Mantrawiederholung) zu machen – und weiter nichts. Er mochte Kirtan gern und begann jede Tätigkeit damit. Jede Gelegenheit erforderte das Singen der Namen Gottes. Wenn jemand krank war, jemand starb, tot war, geboren wurde oder heiratete, wenn ein Gründungsstein gelegt wurde oder ein Gebäude abgerissen, sang er Hare Rama. In einem seiner frühen Briefe an seinen ältesten Schüler Swami Paramanandaji hatte er sogar gesagt, dass wir ganz Indien allein durch *Sankirtan* verändern sollten. Er liebte es, als er noch im Swargashram lebte, Sankirtan Konferenzen zu leiten oder an diesen teilzunehmen. Noch bevor es die *Divine Life Society (gemeinnützige Organisation, von Swami Sivananda gegründet)* gab, hatte er einige Sankirtanisten-Gruppen zwecks Organisation und Durchführung von Sankirtan-Konferenzen begründet. Aber sehr bald entdeckte er, dass es zu einer Art Emotionalismus degenerierte – Menschen sprangen und tanzten und nannten es Ekstase. Ekstase kann man zweifelsohne durch Sankirtan erreichen, aber das kann nicht jeder. Und bald kam es zu einem Machtkampf, weshalb er sich innerhalb eines oder zwei Jahren eines anderen besann. Er sagte: „Sankirtan allein ist nicht gut. Es führt zu Emotionalismus. Es bedarf etwas Jnana, etwas Verständnis. Kirtan heißt, Gottes Namen zu singen, nicht einen musikalischen Wettkampf zu führen. Das *Bhava* (die innere Einstellung) ist wichtig, und man muss lernen, Bhava zu erkennen und zu verstehen.“ Mit den Jahren entwickelte er ein System der Synthese. Praxis ist extrem wichtig, aber nicht ohne Verständnis.

Wenn man theoretisches Verständnis erlangt, muss es gleichzeitig einem selbst und anderen helfen. Man soll so viel lernen, wie man kann und dann hinausgehen und dieses Wissen teilen, ohne zur glauben, dass man allwissend ist. Je mehr man theoretisches Verständnis und das praktische Wissen erlangt, desto mehr soll man es verbreiten und Gott widmen und als Verehrung darbringen. Swami Sivananda bestand darauf. Man soll alles teilen, was man hat – das Wissen von Yoga und Vedanta eingeschlossen. Auf diese Weise legt man seine Schüchternheit ab und eigene Ideen und Wissen werden klarer. Ansonsten ist man sein einziger und größter Bewunderer! Man ist absolut überzeugt davon, alles gelernt zu haben und zu wissen, und solange man nichts sagt, gibt es niemanden, der dieser Überzeugung widerspricht. Doch wenn man etwas sagt, und ein paar Leute lachen, dann erkennt man, dass man gar nicht so clever ist! Also gibt es da einen Ansporn, mehr zu lernen.

Swami Sivananda hat diese Yoga Vedanta Forest Academy gegründet, um uns in der Theorie und Praxis des Yoga Vedanta auszubilden – nicht bloß Theorie, nicht bloß Praxis sondern beides zusammen – damit dieses Wissen weit verbreitet werden konnte; damit die, die neugierig sind, mit der Zeit vielleicht Jnanis werden, weil sie herausfinden, was sie suchen und sie auch den Weg und das Ziel kennen.

WER IST EIN GURU

Wer die Theorie der Selbsterkenntnis vermittelt und uns in unserer Praxis leitet, wird nicht Guru (spiritueller Lehrer), sondern ein '*Acharya*' (Meister), genannt. Vom Meister kann man Selbsterkenntnis lernen. Nicht die Selbsterkenntnis aber, sondern ein peripheres Wissen ist es, das sehr notwendig sein kann, weil wir sonst leicht in die Irre geführt werden.

Genau wie die Beschreibung nicht Selbsterkenntnis ist, ist auch Technik nicht Selbsterkenntnis und führt auch nicht zum Wissen um das Selbst; aber sie ist notwendig. In der Yoga Vasishta gibt es eine fantastische doppelt negative Aussage darüber. Vasishta sagt, dass ein Meister einem nicht Atmajnana geben kann, aber man kann Atmajnana nicht *ohne* Meister erreichen. Im Folgenden wird das einleuchtend. Der Acharya ist der Mensch, von dem man ein Verständnis der Theorie, des peripheren Wissens oder einer Beschreibung über Selbsterkenntnis, Selbstverwirklichung oder Atmajnana erhalten kann. Er zeigt einem Praktiken und wenn man ihm gegenüber aufgeschlossen ist, beseitigt er die Hindernisse, die einem auf dem Weg begegnen können. Er kann nicht gerade als ein Lehrer im modernen Sinne des Wortes bezeichnet werden. Hier bezieht sich das Wort 'Lehrer' auf eine Art Mensch, der distanziert ist, der in die Klasse geht, ausspuckt, was er nicht verdauen konnte, und dann wieder verschwindet. Ebendies sieht man heute in den Schulen und Gymnasien. Im Gurukula System, wo die Studenten mit dem Meister *lebten*, ist die Vermittlung von Theorie und Führung bei der Praxis eng verknüpft. Es gab eine enge Beziehung zwischen dem Lehrer und dem Lernenden. Das darf nicht verwechselt werden mit der modernen Definition eines Lehrers in den Schulen und Gymnasien von heute, wo es nicht die geringste psychologische Beziehung gibt.

Dieses Wort 'Acharya' klingt für mich fast wie das Wort '*Achara*'. Acharya bedeutet Lehrer, Achara ist das Verhalten, der Lebensstil. Ein Acharya ist also mit der Achara, dem externen Verhalten des Schülers verbunden. Er legt zum Beispiel großen Wert auf Pünktlichkeit, damit man Schlag neun zur Stelle ist. Er mag auch Wert darauf legen, dass man nicht aus dem Fenster sieht, hierhin oder dorthin sehen soll. Verhalten kann anerzogen werden, aber kein Acharya kann die Aufmerksamkeit erzwingen, kein Acharya kann einem Verständnis aufdrängen, also bedarf es einer engen persönlichen Beziehung. Nur dann kann man lernen. Wenn man aufmerksam ist, vermittelt er eine Information über Selbsterkenntnis, und leitet einen in der Praxis an. Das ist die Aufgabe des Acharya. Also ist ein Acharya eher ein Lehrer als irgendetwas anderes.

Außer dem Wort 'Student' (engl. 'student') gibt es noch ein weiteres Wort 'Schüler' (engl. 'pupil', was auch 'Pupille' bedeutet). „Pupil" ist also nicht nur der Schüler, der vor dem Lehrer sitzt und versucht, etwas von diesem zu lernen, sondern es meint auch die Pupille, die sich im Auge öffnet und schließt. Wenn man ins Sonnenlicht geht, schließen sich die Pupillen, und wenn man im Dunkeln ist, öffnen sie sich. Dasselbe passiert auch in der Beziehung zwischen Lehrer und Schülern. Ist der Lehrer brillant, verschließen sie sich, sie halten nicht mehr Licht aus. Ist der Lehrer interessant, lustig, dunkel oder dumm, öffnen sie sich weit – mit dem Ergebnis, dass es viel leichter scheint, Unsinn zu lernen als etwas, das der Mühe wert ist. Wenn jemand dasitzt und diskutiert, wie man eine Bank auf hundert verschiedene Arten überfallen kann, dann ist das interessant und überhaupt nicht langweilig. Der Schüler zeigt äußerstes Interesse daran. Aber wenn jemand Upanishadische Weisheit diskutiert, verschließen sich nicht nur die Schüler, sondern auch die Augenlider schließen sich.

Gibt es eine enge persönliche Beziehung und schafft der Acharya es, das Verhalten der Schüler zu lenken, dann wird es möglich, dass man lernt. Eine enge persönliche Beziehung ist nur möglich, wenn sich sowohl der Lehrer als auch der Lernende auf gleicher Wellenlänge befinden – ansonsten schläft man ein. Physisches Verhalten kann angepasst werden, aber der Lehrer hat keinen Zugang zu deinem Geist, geschweige denn zu deinem Herzen. Auf eine merkwürdige Weise verstand Swami Sivananda dies. Er verstand die Massenpsychologie, die Probleme junger Suchender – Leute, die an Theater, Filme und ein spannendes, schnelles Leben gewöhnt waren. Würden sie in eine Vedanta Stunde gesetzt, würden sie aller Wahrscheinlichkeit nach einschlafen, also erfand er interessante Vermittlungsmethoden. Ein Dialog der Upanishaden wurde hier gespielt, und Leute, die sonst beim Studium der Upanishaden einschlafen, richteten sich auf und schauten zu und hörten zu und etwas drang zu ihnen durch. Dies war die wunderbare Methode Swami Sivanandas – und später erfand er das Yogamuseum – audiovisuelle Instruktion, an der man teilnimmt und versucht zu verstehen.

Aber immer noch sind wir auf der Stufe des Acharya und des Schülers. Es gibt nur bloße Vermittlung von Information zwischen den beiden. Es wird 'Information' genannt, weil es eine Form in einem entstehen lässt – In*form*ation. Nach und nach, Tropfen für Tropfen, fallen diese Stücke und Teile in einen hinein und bilden eine Form. Wenn man einigermaßen mit der Form zufrieden ist, ist man verloren, weil man sich dann ein Bild mit dieser Information formt und es als die Wahrheit behandelt, als Selbstverwirklichung. In dem Studium der Isavasya Upanishade muss man an einem verwirrenden Mantra vorbeigekommen sein: „Wer der Unwissenheit ergeben ist, kommt in die Hölle. Wer dem Wissen ergeben ist, kommt in eine größere Hölle.“ Wie geht denn das? Gibt man sich dem Bild hin, das in einem bei der Vermittlung der Theorie geformt wurde, steckt man fest. Hingebungsvoll und inbrünstig hat man es aufgebaut, und das Ganze widersteht jeglicher Veränderung in diesem Bild, also ist man verloren. Aber wenn dieses Bild einmal geformt ist, wenn man versteht, dass es nur Information über Atmajnana ist — nicht Atmajnana selbst sondern nur eine Beschreibung — dann ist es möglich, dass man inspiriert wird, weiterzugehen. Dann ist die *'Jijnani'-stufe (Vorstufe des Wissens)* vorbei, und man krabbelt in die Jnanistufe hinein. Und da erscheint jemand anderes, und das ist der Guru.

Wenn man das erste Kapitel der Bhagavad Gita sehr aufmerksam liest, wird man erkennen, dass Arjuna denkt, er wäre der Guru. Frech und arrogant belehrt er Krishna, was richtig und was falsch ist. Als er entdeckt, dass Krishna es ablehnt, sein Schüler zu sein, bricht er zusammen, und die ihm beim Zusammenbrechen zugeschriebenen Worte sind sehr inspirierend:

> Yacchreyah syannischitam bruhi tanme
> Syshyas-te 'ham sadhi mam tvam prapannam (II. 7)

Arjuna sagte:
Zerstört ist meine Selbsttäuschung, denn ich habe mein Wissen (Erinnerung) erlangt durch Deine Gnade, O Krishna. Ich verbleibe befreit von Zweifeln. Ich werde handeln gemäß Deinen Worten.

Tvam prapannam—"Ich habe mich ergeben zu deinen Füßen, denn ich weiß die Wahrheit nicht. Ich meinte, sie zu kennen, aber betrachte ich, wie du unbeeindruckt von meinen Lehren bist, fühle ich, dass ich vielleicht Unrecht habe. Also ergebe ich mich zu deinen Füßen." *Sishyas-te*—"Ich bin dein Schüler." *Yacchreyah syannischitam bruhi tanme*—"Sage mir, was mich zu *Sreyas* führen möge." Dieses Wort 'Sreyas' ist äußerst schwierig zu übersetzen. Es wurde angenommen, dass es 'dein ultimatives Wohl oder spirituelles Wohl, Erleuchtung, Befreiung' bedeute. Und da sagt Arjuna: „Ich bin dein Schüler." Krishna ist immer noch nicht der Guru. Erst im elften Kapitel wird Arjuna plötzlich klar: „Oh! Du bist der Herr des ganzen Universums."

Was wird aus dem Zustand des Schülers, wenn er den Guru—nicht den Acharya, gefunden hat? Das ist gegen das Ende der Bahagavad Gita wunderschön beschrieben:

> *Nashto mohah smritir-labdha tvatprasadan maya 'chyuta*
> *Sthito'smi gatasandehah karishye vachanam tava.* (XVIII. 73)

Alle diese sind lebenswichtig. *Nashto mohah*—"meine Verwirrung, meine Täuschung ist fort." Zu Anfang war eine Verwirrung, aber diese ist vollständig verschwunden. Geschieht das, ist man ein erleuchteter Schüler, man hat den Guru gefunden. *Smrtir-labdha* — es ist nicht das bloße Erlangen oder Wiedererlangen der Erinnerung, sondern... Normalerweise erinnert man sich daran, was andere einem getan haben, und man erinnert sich daran, was bis jetzt geschehen ist, aber man erinnert sich nicht an sich. Man kennt sich nicht, aber man kennt alle anderen; man weiß nicht, wer man ist, aber man weiß alles über die Welt! Sogar wenn man versucht, ein vergangenes Erlebnis wieder ins Gedächtnis zu rufen, erinnert man sich bloß daran, was andere gemacht haben, was andere gesagt haben. Das Selbst wird vollständig übersehen im Wissen und im Gedächtnis. Also bedeutet *smrtir-labdha*: „Jetzt erinnere ich mich, wer ich bin." *Tvatprasadanmaya-'chyuta* — "Durch deine Gnade", nicht durch deine Lehre! Der Acharya ist verschwunden. Der Acharya hat nur eine innere Struktur aufgebaut, und der Schüler hat diese Struktur erkannt. Die Struktur hat falsche Vorstellungen und irreführrende Ideen, die vorher in Erwägung gezogen worden waren zerschlagen und das Klima für Erleuchtung geschaffen.

Nur die Gnade des Gurus führt diese Erleuchtung herbei. Keine Anhäufung von Theorie und keine Anhäufung von Wissen kann jemals Erleuchtung herbeiführen. Wenn die Wäsche schmutzig ist, tut man sie in einen Eimer mit Wasser und einer Menge Seife. Ist die Wäsche sauber geworden? Das wünscht man sich. Nimmt man die Wäsche heraus, ist sie voll mit Seife. Das ist nicht sauber—das Sauberwerden passiert hinterher. Um den Müll mit Namen weltliches Wissen loszuwerden, mag man einen spirituellen Lehrer brauchen, der einem Wissen über das Selbst vermittelt, aber um Selbsterkenntnis zu erreichen, reicht nichts davon. Allein die Gnade des Gurus, die ohne das Einmischen des Geistes direkt ins Herz fließt, kann Selbsterkenntnis, Atmajnana, herbeiführen. *Gatasandehah* — "Es besteht kein Zweifel", Geist und Herz sind von Zweifel frei, und darum wird alles, was getan werden muss, ohne Zögern getan. Das nennt man 'spontanes Handeln'. Im Falle Arjunas ist das wahrscheinlich durch den Schreck über die Vision dieser kosmischen Form herbeigeführt worden, denn es erscheint eine ähnliche Äußerung sogar am Anfang des elften Kapitels:

yat tvayo'ktam vachas tena moho'yam vigato mama
(XI. 1)

Arjuna sagte:

Durch dieses Wort (diese Erklärung) des höchsten Geheimnisses das Selbst betreffend, das Du gesprochen hast, um meines Segens willen, ist meine Täuschung verschwunden.

Wer ist ein Guru?

gukaraschandhakarascha rukarastannirodhakah
andhakaravinasitvad-gurur-ityabhidhiyate

„Das Licht, das die Dunkelheit der Unkenntnis beseitigt, ist der Guru." Der, in dessen Gegenwart man dies erreicht, ist der Guru; oder *das* ist der Guru. Der Moment, wo man plötzlich erkennt und die innere Struktur der Theorie (die durch die Lehre des Acharya dorthin getan wurde) zu wachsen beginnt und verwirklicht wird — dort ist der Guru.

Wenn man durch Indien fährt, wird man Dutzende Gurus treffen, die sagen: „Ich bin dein Guru". Swami Sivananda hat das in keinem einzigen Moment gesagt. Manchmal sagte er: „Du bist mein Schüler" oder „Er ist mein Schüler"; und einige der älteren Schüler hier haben wohl wenigstens einen Brief, in dem Swami Sivananda schrieb: „Ich nehme Dich als meinen geliebten Schüler auf, ich werde Dir dienen und Dich führen." Aber mit allem Respekt und aller Achtung vor Swami Sivananda darf ich euch mitteilen, dass es mehr eine Ermutigung an den Schüler war als eine Tatsache. Wenn Swami Sivananda sagte: „Ich nehme Dich als meinen geliebten Schüler auf", dann meintet ihr, einen Anspruch auf Swami Sivananda zu haben, ihr konntet ungezwungener an ihn schreiben. Genau das hat er gewollt. Der nächste Satz lautet. „Ich werde Dir dienen." Ihr habt wohl noch niemals von einem Guru gehört, der seinem Schüler dient, der Schüler soll doch dem Guru dienen! Durch diese Formel hat er also das Guru-Geschäft widerrufen. Er hat sich nie als Guru gesehen. Das ist unsere Sache, nicht seine.

Der Guru ist die Erfahrung des Schülers. Und Der Guru braucht nicht zu wissen, wann man diese Erfahrung gemacht hat. Man mag sagen: „Du bist mein Guru". Aber es ist nicht Sache des Guru zu sagen: „Ich bin dein Guru." Man kann zum Guru gehen und sagen: „Ich bin dein Schüler". Wenn man darauf vorbereitet ist, genau das zu tun, was er sagt, und nicht bevor diese Stufe erreicht ist, kann man kühn sagen: „Ich bin dein Schüler, du bist mein Guru."

Davor gibt es keinen Guru. Es ist sehr wichtig sich daran

zu erinnern, ansonsten kann man in ein Durcheinander geraten. Eines Tages geht man zu jemandem, und wenn der einem hilft und sagt: „Oh, ich sehe ein wunderbares Licht um dein Gesicht, Du wirst in drei Monaten Erleuchtung erfahren", dann sagt man: „Ah, Du bist mein Guru!" Wenn er einen bittet, ihm eine Tasse Milch aus der Küche zu holen, sagt man: „Ach, was für ein Guru bist Du denn? Du bist nicht mehr mein Guru—das ist vorbei." Das ist eine Karikatur der Wahrheit.

Swami Sivananda bestand darauf (wie auch das *Yoga Vasishta*- eine indische Schrift), dass man ohne die Hilfe eines Guru keine Erleuchtung erreichen kann. Zu Swamis, die Gurus werden wollten, sagte er: „Seid vorsichtig, werdet keine Gurus." *Man* sollte kein Guru werden, aber *man* muss einen Guru haben. Man braucht einen Guru, aber niemand ist dazu bereit, ein Guru zu sein! Seht ihr die Verwicklung? Was soll man tun? Hier war Swamiji sehr deutlich: „Sei ein Schüler! Von Kopf bis Fuß ein Schüler! Dann wirst du deinen Guru finden."

Zu Anfang des Jahres 1947 saß Swamiji einmal in seinem Büro. Ein junger Mann aus Südafrika, der etwa zwei bis drei Monate bei uns gewesen war, sollte an diesem Tage abreisen. Er kam herein, warf sich vor Swami Sivananda nieder und begann zu weinen. Swami Sivananda sah ihn mit größter Liebe und Zuneigung an. Er sagte, „Swamiji, ich muss heute fahren, und wo in Afrika finde ich einen Guru wie dich?" Da veränderte sich plötzlich Swamijis Ausdruck, und mit einem sehr schönen, bedeutsamen und schelmischen Lächeln sagte er: „Was, gibt es keinen Guru in Afrika?" Da war des Mannes Trauer verflogen, seine Tränen waren getrocknet. Er sah den Meister lachen. Dann richtete Swamiji seinen Blick auf den jungen Mann und sagte, „Ohji, es ist sehr einfach, einen Guru zu finden, es ist schwer, einen Schüler zu finden!" Wenn du ein Schüler bist, findest du ganz von selbst einen Guru.

Schüler (engl. „disciple") bedeutet Disziplin (engl. „disciplin"). Was bedeutet das Wort 'Disziplin'? Nicht militärischen Drill, sondern Studium. Der Acharya hat die Informationen gegeben, die etwas in einem geformt hat, und nun möchte man dies studieren. Der Acharya sagte, dass in einem selbst Freude ist, und dass es nicht Vergnügungssache ist—aber das ist nicht die Erfahrung, die man gemacht hat. Man ist es gewohnt, über die Sinne Vergnügen zu erfahren. Einem hat die Sache gefallen und wenn die Objekte des Vergnügens nicht mehr da sind geht es einem schlecht. Was macht man also? Man untersucht die innere Struktur, untersucht die Tätigkeit des Geistes, das Erheben des Selbst, das Ego. Aber es wird nicht klar, weil man voll ist von Unreinheiten, Schmutz und Dreck. Darum entsteht aus dem Studium des eigenen Selbst eine außergewöhnliche Disziplin. Es ist keine Disziplin, die einem von anderen auferlegt worden ist, es ist keine Disziplin, die zielorientiert ist, sondern es ist eine von intensiver Suche getragene Disziplin. Wenn sich diese Disziplin im Herzen offenbart, wird man ganz natürlich seinen Guru finden. Man steht vor jemandem und ... das ist alles. Ihr braucht kein Wort zu wechseln.

Einige von uns kamen 1944 hierher und fanden Swamiji und ein paar andere. Er strahlte Seligkeit aus, Frieden und Freude. Wir sahen uns um und sahen, dass all die Dinge, die man als grundlegend für Frieden, Freude und Wohlstand und den ganzen Rest erachtet, fehlten. Es gab überhaupt nichts. Eine Tasse Tee am Morgen war beinahe eine himmlische Manna, eine Götterspeise. Wie konnten Leute, die unter solchen Bedingungen lebten, lächeln, Freude ausstrahlen! Das hat man sich gefragt, und irgendwas hat geklingelt. Es brauchte kein einziges Wort gewechselt zu werden. Man sah ihm in die Augen und hat verstanden, dass er die Wahrheit gefunden hatte und man selbst nicht. Das war genug, einen demütig zu machen und vor seinen Füßen zusammenzubrechen.

Wahrheit wird nicht durch Worte vermittelt sondern immer nonverbal. Ich kann dir erzählen, dass ich wütend auf dich bin, aber du kennst die Wahrheit, weil du nonverbal nicht gefühlt hast, dass ich wütend auf dich bin. Es gibt Gelegenheiten (die du, bin ich mir sicher, wahrnimmst), wo jemand lächelt, und du spürst Wut. Nonverbale Kommunikation allein ist Wahrheit, und Wahrheit kann nur nonverbal vermittelt werden. Informationen können weitergegeben werden, das ist Sache des Acharya. Nonverbale Vermittlung von Wahrheit ist die Aufgabe des Lehrers. Ich weiß nicht, ob der Lehrer weiß, dass sein Schüler erleuchtet oder erweckt worden ist. Swami Sivananda hat das nie diskutiert.

Auf spiritueller Ebene war es das Schönste zu beobachten, wie er alle und alles als seinen Guru betrachtete. (Das ist sehr schwer zu erklären und wohl noch schwerer zu verstehen.) Das heißt, wenn diese Disziplin vollständig wird, dann entsteht das vollständige Bewusstsein eines allgegenwärtigen Guru. Ob eine Person nun gelbe, rote oder grüne Kleidung trug, für Swami Sivananda war sie immer ein Swami. Jeder war Swami, jeder war Bhagavan, jeder war Devi. Das ist wohl der Zustand, den man erlebt, wenn vollständige Disziplin herrscht. Dann wird das gesamte Universum zu einem Guru.

KOMMUNIKATION

Swami Sivananda hat keine neue Philosophie erfunden sondern die fundamentale Philosophie vermittelt, die der Menschheit schon durch Inkarnationen wie Jesus, Buddha, Sankara, Krishna vermittelt bekommen hat. Warum war (oder ist) dies notwendig? Der Grund wird im vierten Kapitel der Bhagavad Gita wunderschön herausgearbeitet.

Sa kalene'ha mahata yogo nashtah parantapa (IV. 2)

„Bloßes Vergehen von Zeit scheint die Wahrheit zu verwässern", — aus einem einfachen und sehr guten Grund. Wenn du ein Mann der Selbstverwirklichung bist und ich zu dir als Suchender (nicht als Schüler) komme, magst du erkennen, dass du deine eigene Erfahrung nicht hinreichend in Worte fassen kannst, was auch immer du tust und wie brillant du auch bist. Und zwar aus dem einfachen Grunde, dass Sprache entdeckt wurde, nachdem der Mensch der Selbstverwirklichung abtrünnig wurde. Sprache ist gezwungenermaßen dualistisch, pluralistisch—daher war jemand wie Ramana Maharshi die meiste Zeit schweigsam, und sogar Swami Sivananda weigerte sich, in Diskussionen gezogen zu werden. An einer Stelle von Vasishtas Lehre an Rama in der Yoga Vasishta fragt Rama etwas, worauf Vasishta einfach schweigt. Rama hakte nach und fragte, „Kannst Du mir die Frage nicht beantworten, die ich Dir gestellt habe? Warum schweigst Du auf einmal?" Vasishta sagt „Ich schweige nicht, weil ich die Antwort nicht kenne, sondern Schweigen *ist* die Antwort auf Deine Frage."

Der erleuchtete Guru kann also seine fundamentale Erfahrung nicht verbalisieren. Kann man nicht nonverbal mit ihm kommunizieren entdeckt man, dass ein großer Prozentsatz seiner Erfahrung unvermittelbar bleibt. Alles was aufgeschrieben, auswendig gelernt oder verbalisiert worden ist, ist ein Bruchteil der Erfahrung des Weisen. Merke dir das bitte für immer. Wenn Swami Krishnanandaji mit einem redet, ist das nicht alles, was er weiß. Es gibt Dinge, die er erfahren hat, die unaussprechbar sind. Wenn der Suchende sich also einem großen Meister nähert und ihn bittet, seine Erfahrungen in Worte zu fassen und zu lehren, kann nur ein kleiner Teil davon ausgesprochen werden. Es gibt da einen großen Verlust. Eine andere Sache ist, wie lange man ununterbrochen dem Gesagten zuhören kann? Man hört zu—und dann hört man jene Geräusche auf der anderen Seite des Flusses, oder einem fällt plötzlich ein, dass man etwas vergessen hat. Wenn eine tiefe Pause entsteht, schaltet die Aufmerksamkeit schon auf Deutschland, Österreich, Ungarn, alle möglichen Orte, um, so dass selbst dieser kleine Bruchteil, den der Guru in Worte fassen kann, während der Übertragung verloren geht, weil der Schüler nicht aufmerksam ist.

Swami Sivananda hat uns auf eine sehr schöne Art ausgebildet. Er hielt keine Vorlesung sondern unterhielt sich mit uns, und er hat nicht oft jemanden dazu ermutigt, Notizen zu machen wenn er redete. Trotzdem ermunterte er uns, das Gespräch hinterher aufzuschreiben. Es ist erstaunlich, wie wenig man unmittelbar danach noch weiß. Wenn der Schüler so eifrig ist, dass das Gelehrte direkt aufgenommen wird, dann bleibt wenigstens soviel hängen, aber wird das Gelehrte nicht aufgenommen, neigt es dazu sich zu verflüchtigen. Darum wird es Geist genannt! Geist verflüchtigt sich immer. Nach ein paar Tagen ist er vollständig verloren. Krishna sagt: „Ich sagte dies zu Vivaswan, Vivaswan lehrte dies *Manu* (1. Gesetzgeber, legendärer Mensch, der die Smritis geschrieben hat)." Es wurde also gesprochener Weise übertragen oder mündlich von Generation zu Generation übermittelt und geht nach und nach verloren. Darum bedarf es eines großen Meisters oder einer Inkarnation wie Swami Sivananda, um dieselbe Philosophie zu überbringen.

Information oder Worte kann man übermitteln (engl. „convey"). Nimm z.B. ein Förderband (engl. „conveyor belt"). Man legt etwas darauf — es bewegt sich, und jemand anders nimmt es herunter. Dies ist Übermittlung: Man sagt etwas, hört etwas und aufs Geratewohl wählt man, was einem gefällt und lässt liegen, was einem nicht gefällt (genau wie beim Förderband auf dem Flugplatz.) Dies ist das gefährlichste im Leben. Wenn man zu einem Meister geht, sollte man sich darauf gefasst machen einiges zu hören, was man nicht hören will. Wer nur etwas Gewolltes hören will, braucht nicht zu einem Meister zu gehen. Dann kann man zuhause bleiben, einen Kassettenrecorder nehmen und all das sagen, was man hören möchte, es dann abspielen — und man wird all das hören, was man hören will. Man wird kein einziges Wort hören, das man nicht hören will! Dies ist das erste Problem im Förderbandsystem. Das zweite Problem ist, dass sogar etwas, das man gern aufnehmen möchte, sich vielleicht so schnell vorbei bewegt, dass man es verfehlt. Vermitteln mag wichtig sein für das Erlernen von Rechnen oder Sprache. Selbst beim Lehren der drei Rs (Rechnen, Schreiben, Lesen) in der Schule wiederholen sie die Anleitungen immer wieder, so dass, falls man etwas beim ersten Mal verpasst, das Förderband wieder zu einem zurückkommt, (wie auf dem Flugplatz).

Kommunikation verläuft anders. Es ist fast immer nonverbal. Sitzt man für ein paar Momente mit geöffneten Ohren und Augen, dann schließt man Augen für zwei Minuten und horcht. Es ist nicht dasselbe. Wenn die Augen geschlossen sind, kann man nicht richtig hören. Fast alles geht verloren, nur ein bisschen bleibt. Noch schlimmer, wenn man sich umdreht und etwas anderes ansieht, während man zuhört, dann hört man wahrscheinlich überhaupt nichts. Wir haben immer die Dialoge und Konversationen, die Swamiji mit seinen Schülern führte, aufgeschrieben. Oftmals fanden wir, dass, wenn ein äußerst inspirierender Dialog notiert wurde, gar nicht so inspirierend war, weil—besonders in Swami Sivanandas Fall—ein „hmm", sein Lächeln und die Art, wie er einen ansah, unheimlich viel bedeutete. Alle diese Dinge hatten ungeheure Wirkung und ungeheure Bedeutung. *Da* findet Kommunikation statt. Offensichtlich konnte dies nicht auf die Schrift übertragen werden. Darum haben die alten Meister darauf bestanden, dass Lesen und Hören allein nicht ausreichen, sondern dass man zu einem erleuchteten Meister geht und sich zu seinen Füßen setzt—dann passiert vielleicht nichts, oder alles passiert. Nicht ein Wort mag ausgetauscht werden, trotzdem geschieht alles aufgrund von nonverbaler Kommunikation.

Kommunikation findet statt, wenn man eins mit dem Meister geworden ist. Wenn man mit dem Meister auf der gleichen Ebene und auf der gleichen Wellenlänge ist, dann nimmt man seine Lehre auf, ohne dass er ein Wort sagen muss. Das ist das berühmte Symbol des Dakshinamurthi. Ich nehme an, ihr habt die Geschichte gehört. Vier sehr alte, große Weise meinten, dass sie den höchsten Zustand der Erleuchtung noch nicht erreicht hätten. In ihnen war ein kleiner Zweifel, ein wenig Rastlosigkeit. Sie wanderten und waren auf der Suche nach einen Meister, der Ihre Zweifel beruhigen konnte, der ihnen helfen konnte, den ultimativen Ruhepunkt zu finden. Während ihrer Wanderung sahen sie plötzlich einen jungen Mann unter einem Banyanbaum sitzen. Sie fühlten sich von ihm angezogen wie Eisenspäne von einem Magnet, und von seiner Kraft angezogen gingen sie zu ihm. Es war ein junger Mann, fast gänzlich ohne Kleider. Sie setzten sich und sahen ihn an. Er sagte kein Wort, sie stellten keine Fragen, aber alle ihre Zweifel waren beseitigt. Warum? Weil sie auf derselben Wellenlänge waren. Was meinen wir, wenn wir sagen, der Schüler und der Guru sind auf derselben Wellenlänge? Bedeutet es vielleicht, dass der Schüler genauso erleuchtet ist wie der Guru? Wenn der Schüler schon Selbstverwirklichung oder Atmajnana erreicht hätte, warum sollte er zu einem Guru gehen?

Auf derselben Wellenlänge zu sein bedeutet konkret, dass man etwas Bestimmtes besitzt und dass das Herz spontan ohne irgendeine Schwierigkeit auf einen bestimmten Meister anspricht- nur auf einen bestimmten Meister und auf andere nicht. Der Empfänger ist nicht so kraftvoll wie der Sender des Meisters, dennoch ist man auf derselben Wellenlänge. Das heißt, dass man im Inneren auch von derselben fundamentalen Natur ist. Geh zu ihm. Dann ist Kommunikation möglich, weil ihr auf einer bestimmten Ebene, in einem bestimmten Bereich, brillant aufeinander ansprecht. Swami Sivananda war darin Experte. Er sah niemanden als seinen Schüler an, aber er wusste, dass er Suchenden dienen und sie führen konnte. Es war einmal ein Swami hier, der nicht Swami Sivanandas Schüler war. Er gehörte einem ganz anderen Orden an. Er war der beste unter uns, und Swamiji behandelte ihn wie einen von uns. Er wohnte hier im Ashram, doch wenn sein Guru kam, dann sagte Swamiji ihm, er solle seinem Guru dienen. Ich denke, viele von Euch haben von dem großen Yogi in Amerika, Swami Satchidananda, zumindest gehört. Er war einige Jahre hier und ging dann nach Ceylon. Ein junger Mann aus Bombay, ein Schüler von Swami Satchidananda, kam hierher. Swami Sivananda gab ihm *Sannyasa* (Mönchsweihe), nahm ihn auf. Immer wenn Swami Satchidananda von Ceylon hierher kam sagte er „Gurumaharaj ist gekommen, geh und diene ihm.“ Was Swami Sivananda anging, war dieser Swami also ein Schüler Swami Satchidanandas. Auf dieselbe Weise ist es möglich, dass jemand, der in seinen Ashram kam, hier gewohnt hat und vielleicht sogar von Swami Sivananda aufgenommen wurde, innerlich Schüler eines anderen großen Guru oder Meisters war. Swami Sivananda hatte überhaupt nichts dagegen, weil er erkannte, dass jene beiden auf derselben Wellenlänge waren. Es freute ihn, dem Suchenden auf physischer Ebene zu dienen, ihm Unterkunft, Essen, Kleidung etc. zu geben, aber er sagte ihm, er solle Instruktionen von seinem eigenen Lehrer erhalten. In einem Fall ist jemand Swami Sivanandas Schüler, aber gleichzeitig Schüler eines anderen. In einem anderen Fall ist jemand äußerlich Schüler eines anderen Lehrers, tatsächlich aber Schüler Swami Sivanandas. Beides ist gut, weil er erkannte, dass sowohl Lehrer als auch Schüler auf derselben Wellenlänge sein müssen. Wo das geschieht, da findet Kommunikation statt.

Um diese Kommunikation effektiv zu machen, gibt es in der orthodoxen Vedanta Philosophie das, was *Adhikarivada* genannt wird. Das besagt, dass man sich, bevor man sich einem Guru nähert, die vier Hilfsmittel angeeignet haben musste: *Viveka* (Unterscheidungskraft), *Vairagya* (Verhaftungslosigkeit), *Shatsampat* (die 6 edlen Tugenden), *Mumukshutva* (Wunsch nach Befreiung). Die Katha Upanishad drückt dies auf einfache Weise aus:

Uttishthata jagrata prapya varan nibodhata.

„Erwache, erhebe dich, sei aufmerksam, gehe dann zu einem Großen und erlange Erleuchtung." Viveka, Vairagya, Shatsampat und Mumukshutva werden als die Zeichen dieses inneren Erwachens angesehen. (Nicht Erleuchtung, sondern Erwachen.)

In alten Zeiten hielten sich die Erleuchteten gemäß der Tradition abseits der Gesellschaft- sei es körperlich, sei es psychisch. In vielen der Upanishaden und anderen religiösen Texten wird verkündet, dass der erleuchtete Mensch sich wie ein Narr in der Gesellschaft benehmen sollte — ein Konzept, das sich wunderbar in der Bibel zeigt: „Werft nicht Perlen vor die Säue." Nur ein qualifizierter Suchender erkannte sie. Es ist weit entfernt von den modernen „Yogis", die sich selbst erleuchtet nennen und Gefolgschaft suchen!

Von allen Swamis und heiligen Menschen war Swami Sivananda der einzige, der sein Wissen nicht zur Schau stellte. Dies war ein außergewöhnlicher Charakterzug an ihm. Wenn man vielen Swamis und Yogis eine einfache Frage stellt, „Im Winter ist das Wasser des Ganges kalt, Swamiji, kann man da baden gehen?" Was man erwartet, ist eine Antwort wie, „Ja, nach Sonnenaufgang kann man baden oder man ölt sich und taucht dann in den Ganges." Doch viele würden einen ganzen Vedantavortrag halten: „Du bist nicht der Körper, du bist nicht der Geist, das unsterbliche Selbst bist du. Es ist nicht das unsterbliche Selbst, das die Kälte spürt, es sind Körper und Geist, die die Kälte spüren!" Ich habe nie eine solche Antwort von Swami Sivananda gehört. Wenn überhaupt, dann hielt er sich eher zurück. Es war ihm mehr am physischen und intellektuellen Wohl gelegen als dass er einem bei jedem Niesen oder Husten eine religiöse Lehre aufdrängen wollte. Er wartete darauf, dass man ihn fragt -*uttishthata jagrata prapya varan nibodhata*"- man muss aufstehen, aufwachen, *dann* zu dem Großen gehen. Aufstehen und Aufwachen ist Euer Problem, nicht das des Gurus, aber Swamiji strengte sich besonders an, Leuten Eintritt in den Ashram zu gewähren, die nicht all diese Qualifikationen hatten. Er versteckte spirituelle Wahrheit nicht- sie war da, veröffentlicht -und er zog sich selbst nicht aus der Gesellschaft zurück. Er gebärdete sich auch nicht wie ein Ignorant, indem er in der Welt lebte als wäre er taub, stumm und blind, wie man der Schrift zufolge sein sollte. Er stellte sein Wissen nicht zur Schau, aber wenn man eifrig war, vermittelte er dieses Wissen auf mysteriöse Weise.

In jenen Tagen war es Tradition für Heilige, sich in einer Höhle zu verstecken und darauf zu warten, aufgesucht zu werden von qualifizierten Schülern, die inneres Erwachen erfahren hatten, die aufmerksam und eifrig waren und die unter großem Aufwand (nicht von Geld, sondern von Energie und Zeit) zu ihnen fanden und um Lehre baten. Swami Sivananda hat diese Tradition weitgehend angenommen, indem er sein Atmajnana mit einem weiten Mantel (darf ich sagen) verschleierte, so dass Menschen, die zu ihm kamen, sich oft an seine Zuneigung und Liebe, seine große Sorge um ihr physisches und materielles Wohlergehen erinnerten. „Wie geht es Deinem Sohn? Wie geht es Deiner Tochter? Ist sie verheiratet? Wie ist Deine Arbeit? Wie geht es Dir gesundheitlich, kannst Du gut schlafen?" Darum ging es ihm hauptsächlich — Atmajnana kam zu seiner Zeit. Wenn man auf diese Weise in gänzlicher Zuneigung und Liebe eins mit ihm wurde, dann konnte nonverbale Kommunikation leicht stattfinden. Das war sein Geheimnis. Aber er erkannte auch dass, wenn den Menschen Weisheit, Gelassenheit, erhabene, tugendhafte Qualitäten und ein immerwährendes Sehnen nach Befreiung nicht zueigen waren, keine noch so große Menge an verbaler Lehre von Nutzen sein würde, und nonverbale Kommunikation unmöglich würde.

Vorbereitung ist grundlegend. Man mag den besten Radioempfänger haben, doch wenn der nicht am Stromnetz angeschlossen ist oder keine Batterien hat, versagt er. Er wird nicht empfangen, wie weit entwickelt das System auch sein mag. Wenn also das Herz nicht wirklich und wahrhaftig und vollständig auf die Aufnahme von Atmajnana vorbereitet ist, kann keiner jemals etwas für einen tun. Lord Krishna, Buddha oder Jesus mögen vor einem stehen und sprechen, und es wird keinen Eindruck auf einen machen. Ein unreines Herz kann keine nonverbale Kommunikation aufnehmen, und wenn verbale Kommunikation versucht wird, wird ein unreines Herz sie verunreinigen, verbiegen und verdrehen. In dieser Hinsicht war Swami Sivananda einzigartig. Er sagte oft: „Es ist unmöglich, von diesen in der modernen Welt lebenden Leuten zu erwarten, dass sie Unterscheidungsvermögen und Leidenschaftslosigkeit entwickeln." Theoretisch kann man ruhig sagen, dass Meditation sogar auf einem Fischmarkt in Delhi möglich ist, aber wenn man dorthin geht, könnte man es schwierig finden. Man kann Ohrenschützer tragen und eine Augenmaske aufsetzen, aber irgendwas in der Atmosphäre ist so gänzlich unspirituell, dass es Zeitverschwendung ist, dort zu meditieren zu versuchen. Swamiji erkannte dies und hieß hier selbst unerwachte Studenten zu seinen Füßen willkommen und versuchte, sie zu erwecken.

Einige Leute sind hierher aus reiner Enttäuschung über das Leben gekommen. In jenen Tagen war es eine Art Witz zu sagen, wenn ein junger Mann in seiner Prüfung oder seinem Geschäft versagt hatte, soll man nach ihm im Sivananda Ashram suchen. Verzweifelte Leute gingen dorthin und Swami Sivananda nahm sie freigiebig auf und versuchte *dann*, ein Erwachen herbeizuführen. Ich werde Euch ein Beispiel nennen. Ein junger Mann kam hierher, weil seine Familie sich weigerte, die seine Heirat mit dem Mädchen seines Herzens zu segnen. Er kam hierher, weil jemand in Rishikesh ihm sagte, „Du bist aus Südindien, du bist ein gebildeter Mann, gehe in den Sivananda Ashram." Also kam er hierher, und Swamiji sagte: „Also gut, bleibe hier. Was kannst du?" Er sagte: „Ich kann hier saubermachen." Später wurde aus ihm ein großer, wundervoller Yogi aber nicht alle waren wie er. (Ich spreche im Folgenden nicht von ihm.)

Ich weiß nicht, ob Ihr versteht, welches Problem dieser Umstand verursachte. Da ist ein ungeschliffener Mensch, der in den Ashram kommt, nicht weil er Atmajnana will, sondern weil er von zuhause weglaufen will. Er ist kein Schüler von Swami Sivananda. Er kam nicht zu Swami Sivananda, weil er in ihm den Lehrer sah, denn die Lehrererfahrung hatte noch nicht stattgefunden. Also ist er ein ungeschliffener Kandidat, ohne Viveka, ohne Vairagya, ohne jegliche Qualifikationen, die für das Stattfinden jeder Art von Kommunikation

DAS SÄEN DES SAMENS

Swami Sivananda legte größten Wert auf *Sadhana-chatushtaya* (Unterscheidungsvermögen, Leidenschaftslosigkeit, göttliche Qualitäten und ein starkes Sehnen nach Befreiung). Während die orthodoxen Rishis, Weisen, Yogis und heiligen Männer warteten (der bereit war, der sich selbst diszipliniert hatte, der sich vorbereitet hatte), dass der reife Suchende zu ihnen kommen möge, sagte Swami Sivananda, dass es vielleicht zu viel ist, von einem in der modernen Welt lebenden, von allen Seiten von Ablenkungen und Versuchungen bestürmten Menschen Unterscheidungsvermögen und Leidenschaftslosigkeit zu erwarten. Er sagte, dass es selbst im Falle eines Menschen, der vor seinem Versagen davonläuft, möglich ist, einen Funken zu finden, der zu einer großen Flamme angefacht werden könne. Wenn manchmal der Funke nicht da war, entzündete er ihn sogar. Das war Swami Sivanandas außergewöhnliche Begabung.

Eine der von ihm gewählten Methoden war massive Verbreitung spirituellen Wissens. Es war absolut und vollständig unterschiedslos. Viveka wird oft mit Unterscheidungsvermögen übersetzt. Hier war ein Meister, der unterschiedslose Nächstenliebe praktizierte und spirituelles Wissen unterschiedslos verbreitete, in der Hoffnung, dass eine dieser Broschüren oder eines der Bücher, wenn es zu einem bestimmten psychologischen Augenblick in die Hände eines Menschen fällt, vielleicht Viveka, wahre Sehnsucht, in ihm entzündet. Ich will Euch nur ein oder zwei Beispiele geben. Er verschickte viele Bücher kostenlos an Schüler und Nicht-Schüler. Unter den Empfängern dieser kostenlosen Bücher waren Sir Winston Churchill (Premierminister, London, England), Präsident Truman (Washington) und Marschall Stalin (Moskau). Einmal sagte jemand, „Swamiji, die werden jene Männer nie erreichen.“ Er erwiderte, „Egal, es sind trotz allem Bücher, und sie sind gepackt und adressiert nach Moskau, London, Washington. Da müssen sie nun hin. Jemand muss sie aufmachen, um herauszufinden, was das Paket enthält. *Derjenige* wird sie lesen.“

Nun zu einem anderen recht interessanten Ereignis, das für die Diskussion wichtig ist. Eines Tages war ein offizieller Brief von einem Regierungsministerium angekommen. Darauf standen Name und Adresse des Vorsitzenden dieses Ministeriums. Sofort signierte Swamiji ein Buch mit „Möge Gott Dich segnen, viele Grüße, Prem und Om, Sivananda“, und schickte es an diese Adresse. Der Name des Mannes wurde auch in das Gratis-Register des Divine Life Magazins aufgenommen. Er bekam das Buch und einige Tage später eine Kopie des Divine Life Magazins. Wahrscheinlich hat er es weggeworfen. In kommenden Monat erhielt er wieder das Divine Life Magazin, worauf er seinen Assistenten bat, einen förmlichen Brief an die Divine Life Society zu schreiben mit den Worten, „Verschwenden Sie nicht Ihre Zeit damit, mir dies zu schicken, ich mag es nicht. Ich habe keine Lust, mir das anzusehen.“ Als dieser Brief ankam, sagte Swamiji, „Ah, er will nicht, gut. Streicht seinen Namen vom Gratisregister des Magazins. Wir wollen ihm nichts aufdrängen.“ Es sah so aus als ob die Geschichte hiermit beendet wäre. Aber nein, zwei Jahre später schrieb der Mann einen Brief an Swamiji, der uns alle bewegte: „Vor zwei Jahren bekam ích von Ihnen ein Buch, der Himmel weiß, wie Sie an meinen Namen und meine Adresse gekommen sind. Zu jener Zeit war ich so arrogant und hochmütig — ich hatte eine Stellung mit Macht und Prestige inne — dass ich das Buch, was Sie mir geschickt hatten, wegwarf. Ich war ganz oben, eine Weile später aber ging es bergab — ich verlor meine Arbeit, mein Geld, alles ging schief. Eines Tages hatte ich Selbstmordgedanken und ging in mein Arbeitszimmer. Als ich dort saß, niedergeschlagen und depressiven Gemüts, sah ich zufällig auf, und dort stand 'Erfolg im Leben und Gottesverwirklichung'. Fast mechanisch nahm ich das Buch und schlug eine Seite auf, und da stand 'Verzweifele nicht'. Ich sah das und erinnerte mich plötzlich daran, dass ich dieses Buch vor zwei Jahren von Ihnen zugeschickt bekommen und es gefühllos in den Papierkorb geworfen hatte. Aber der Angestellte, der mein Zimmer reinigte, hatte den Korb geleert und gedacht, dass ich das Buch versehentlich da hinein habe fallen lassen. Also nahm er es heraus, machte es sauber und stellte es ohne mein Wissen in das Bücherregal. Ich bin ihm sehr dankbar, und ich bin Ihnen sehr dankbar. Jenes Buch hat mir mein Leben gerettet." Dann nahm er die Fäden auf von dem, was noch übrig war, und machte Erfolg aus seinem Leben.

Das war Swami Sivanandas Methode. Ich bin mir ziemlich sicher, dass von den tausend und aber tausend Menschen, die Bücher, Broschüren und Magazine von ihm erhalten haben, nur wenige auf diese Weise Nutzen daraus zogen. Aber irgendwo mag es irgendwann das Herz irgendeines Menschen berührt haben. Swami Sivananda wollte spirituelles Wissen verbreiten. Wenn man ein wenig darüber nachdenkt, wird man höchstwahrscheinlich (wie ich) fühlen, dass er eine göttliche Inkarnation gewesen sein muss, denn nur Gott hat diese Einstellung. Nur in Gottes Natur findet man eine solche Einstellung. Wenn man sich einen Obstbaum ansieht, wird man diese Philosophie wunderbar verstehen. Kann man die Samen, die ein Baum im Laufe eines Jahres hervorbringt, zählen? Man stelle sich vor, was passieren würde, wenn alle diese keimen und Bäume werden würden. Es wäre nicht einmal für eine einzige Baumart Platz auf dieser Erde! Aber das passiert nicht. (Erklärungen interessieren mich nicht, ich sehe mir nur die Wahrheit an.) Gott hat einen Früchte tragenden Baum erschaffen. Der Baum trägt tausende von Früchten jedes Jahr, und es keimen längst nicht alle. Dieser allwissende, allmächtige und allgegenwärtige Gott ist recht zufrieden damit. Man mag damit argumentieren, dass die restlichen Früchte zu Dünger werden. Ausgezeichnet, das passt mir gut! Genau das hat Swami Sivananda getan. Er säte weiter tausende und aber tausende von Samen. Einige keimten und wurden selbst zu mächtigen Bäumen, die anderen dienten als Dünger für die Vorbereitung der Erde für ein zukünftiges Wachstum. Menschen, die Swami Sivananda liebte und ausbildete, denen er diente und die er führte, Menschen, in denen Swami Sivananda die Samen spiritueller Aspiration säte — und die vielleicht nicht so eifrig reagierten wie man eventuell meinte — sind jetzt bei anderen Lehrern , und dort leuchten sie als große Yogis, große Mahatmas, große Suchende. Also haben die Samen, die er säte, gekeimt und sind in einigen Fällen zu mächtigen Bäumen geworden; in anderen Fällen sind aus Nichtsuchenden Suchende geworden. Als sie innerlich erwachten, fanden sie einen Heiligen und folgten ihm. Das war seine wundersame Einstellung. Er war ein außergewöhnlicher Optimist, der davon ausging, dass mit der Voraussetzung dieser unterschiedslosen Verbreitung spirituellen Wissens letzten Endes jeder den Weg und das Ziel finden werden.

Er war also damit einverstanden, dass Sadhana-chatushtaya grundlegende Voraussetzungen für Sadhana sind. Ohne sie wird man gar nirgendwo hinkommen. Man wäre nicht einmal fähig, seinen spirituellen Lehrer zu erkennen, und alle Ausbildung, die man unternähme, wäre nutzlos, fruchtlos. Aber er bestand darauf, dass es die Pflicht erleuchteter Menschen sei, die Samen zu säen, ungeachtet dessen, ob der Boden bereit ist, diese Samen aufzunehmen. Das ist unser Dienst. Diese Samen werden irgendwann keimen.

Es gibt noch ein anderes interessantes Merkmal. Heute ist der Ashram modern, das Leben ist recht komfortabel. In solch einer Atmosphäre ist es nicht so einfach zu verstehen, was die Suchenden gefühlt haben, die Anfang der 40er Jahre hierher kamen. Einige von ihnen hatten Swami Sivanandas brennende Worte gelesen. Ein paar dieser originalen Schriften von Swami Sivananda waren so inspirierend, dass man sich beim Lesen auf der Stelle alle Kleider vom Leibe reißen, in den Himalaya fliehen, Enthaltsamkeit praktizieren und Selbstverwirklichung erhalten wollte. Das war die Besonderheit seines Stiles. Viele von ihnen wurden durch seine Schriften inspiriert und kamen hierher. Die meisten hatten nicht einmal ihre Kleider gewechselt, weil sie in Swami Sivanandas 'Wie man Vairagya erreicht' gelesen hatten „Verzichte auf alles" und also verzichteten sie auf alles. „Suche die Einsamkeit" uns sie kamen, um hier Einsamkeit zu suchen. Einige von ihnen mögen beim Betreten dieses Ortes sogar bemerkt haben, dass andere, die hier schon länger waren, einen schönen Mantel hatten. Es gab eine Tendenz dazu, zu denken: „Ah, sie haben den Weg verloren, sie sind abtrünnig geworden. Seht nur, wie leidenschaftslos ich bin. *Meine* Bestrebungen sind viel größer als die Bestrebungen dieser Leute, die schon so lange bei Swami Sivananda gewesen sind. Sie wissen nicht, was Enthaltsamkeit, Leidenschaftslosigkeit und brennendes Bestreben bedeuten. Jeden Morgen um 4 Uhr meditiere ich hier. Sehe man sich nur alle diese alten Ashrambewohner an."

Swamiji beobachtete sie und wusste es zu schätzen. Was immer man tat, zuerst kam die Ermutigung. Danach kam ein vorsichtiger kleiner Schub. „Enthusiasmus ist sehr gut. Du hast brillante, wundervolle Bestrebungen. Du bist das höchste, du bist wie ein Sukadeva. Aber jugendlicher Enthusiasmus ist nicht gut." Zuerst viel Butter, dann eine kleine bittere Pille das war seine Methode. Man sollte nicht entmutigt werden, man sollte nie fühlen, dass das, was man macht, völlig falsch ist. Nein, mach es, es ist wunderbar. Aber pass auf, dass es nicht nur jugendlicher Enthusiasmus ist, etwas, das zu einer Reaktion führen könnte. Brennendes Bestreben ist notwendig, aber es muss beständig sein, nicht schnell aufsteigen und schnell herunterfallen wie ein Ballon. Wenn es wahres Bestreben ist, wird es das ganze Leben lang bei einem bleiben. Wenn da irgendein jugendlicher Enthusiasmus mitspielt, verschwindet es nicht nur, sondern führt zu einer Reaktion, die für gewöhnlich gleich und entgegengesetzt ist. Wenn man nun zum Beispiel sechs Monate lang nackt herumläuft und sehr wenig isst. Gott weiß, was man für Motive und Absichten hat. Gott weiß, was im Herzen und im Geiste von einem vor sich geht. Wenn man jedenfalls nach diesen sechs Monaten herausfindet, dass das alles nutzlos war, dann wird man nie mehr aufhören zu reden, in einem fort essen und zum entgegen gesetzten Extrem übergehen.

Swamiji war äußerst behutsam, und er lehrte seine Schüler, auch behutsam zu sein. Ein Beispiel illustriert das: Als ich in den Ashram kam, war noch ein anderer junger Mann mit mir. Dieser junge Mann ist ein ganz wundervoller Mensch, es gibt nichts an ihm auszusetzen. Obwohl er dem Meister und seiner Arbeit sehr ergeben war, entwickelte er während seines Aufenthalts hier auch eine außerordentliche Freundschaft zu einem der oberen Schüler Swami Sivanandas. Das ist ganz natürlich wenn man hier sechs Monate oder ein Jahr ist, fühlt man sich zu dem einen oder anderen der oberen Mahatmas hier hingezogen. Einige Zeit später entschied sich dieser obere Swami, uns zu verlassen und abzureisen. Plötzlich wollte auch mein Freund gehen. Er war vom Ashram enttäuscht, weil der Swami, den er bewunderte, abreiste. Er benachrichtigte Swamiji davon, dass er gehen wollte und er wollte sogar, dass ich ihn begleitete. Ich sagte ihm, „Obgleich ich zusammen mit dir hierher kam, werde ich nicht zusammen mit dir abreisen.“ In jenen Tagen hielt ich mich im Bhajanzimmer auf und Swamiji wohnte unten direkt am Ufer des Ganges. Drei- oder viermal an einem einzigen Tag kam er hinauf und ging hinunter. Zu jener Zeit gab es dort keine Treppe, also musste er einen Berghang hinauf. Das erste mal kam er herauf und sagte, „Ich glaube, er wird gehen. Bitte ihn, es nicht zu tun. Er hat dieses Leben nun ein Jahr lang gelebt, und wenn er zurückgeht, wird es eine riesige Reaktion geben. Er könnte all dies verlieren." Das sagte ich meinem Freund, und er erwiderte, „Nein, meinem Vater geht es nicht gut, meiner Mutter geht es nicht gut, ich muss gehen und meiner Familie helfen." Ich ging hinunter und erzählte Swamiji dies. Er kam etwas später wieder hoch und sagte, „Wie viel wird er verdienen? Wir werden seiner Mutter das Geld schicken." Der Ashram existierte in jenen Tagen von der Hand in den Mund, aber er sagte: „Wir werden Dich unterstützen. Wir werden Deine Familie unterstützen. Das spirituelle Wohl ist so kostbar." Swami Sivananda erkannte, dass der Besitz spiritueller Aspiration so zart war. Es ist da, tief in dir, aber es ist so tief innen, und der Staub und die Asche, die es bedecken, sind so dick, dass es so zerbrechlich geworden ist. Der Meister muss den Samen säen, und nur er weiß, wie zart, wie wertvoll er ist und wie nötig es ist, ihn vor einer Reaktion zu schützen. Das war Swamijis außergewöhnliche Liebe, das war seine außergewöhnliche Einstellung.

Da die Studenten nicht nur ungeschliffen sondern auch nicht erweckt waren, musste auch der erweckende Einfluss vom Meister kommen. Die Menschen, die kamen, kamen oft mit ihren eigenen schlechten Angewohnheiten. Wie ging er mit diesem Problem um? Oft hat er die schlechte Angewohnheit übersehen. Ich weiß von Anlässen, wo einige der ältesten Schüler von Swamiji (die auch Autoritäten im Ashram darstellten) mit allen möglichen Beschwerden über andere zu ihm kamen. Swami Sivananda musste sie irgendwie auch zufrieden stellen. Er tat so, als wäre er sehr wütend. Da war der Schüler zufrieden und ging in der Annahme, dass Swamiji sich den jungen Suchenden vornehmen würde. Doch im

Gegenteil, der Mann, gegen den die Beschwerde vorgebracht worden war, würde als erstes ein paar Bananen bekommen — ein kleiner Junge, der Swami Sivananda in jenen Tagen diente, kam angelaufen und sagte, „Swamiji schickt dir Früchte, Prasad." Eine halbe Stunde später kam vielleicht jemand anderes, „Swamiji schickt dir Kaffee." Eine Stunde später kam er selbst. Er sagte: 'Du scheinst, du strahlst. Du meditierst gut. Du machst Japa gut. Du studierst Vedanta? Sehr gut." Was geschah mit all den Beschwerden? Er wartete, um zu sehen, ob alle diese Ermutigungen halfen. Anstatt einem zu sagen, was für ein schlechter Mensch man ist, bestand Swami Sivananda darauf, sich auf die guten Eigenschaften in einem zu konzentrieren, einem zu sagen, was für ein großartiger Arbeiter man ist, selbst wenn man überhaupt keine spirituelle Aspiration oder Hingabe hat. Es gibt gute Qualitäten in jedem Menschen, warum sollte man diese also nicht fördern? Er sagte, „Du bist ein ungeheuer guter Arbeiter. Keiner arbeitet so hart wie du." Er legte einen Samen — den Samen zu säen ist wichtig — und fügte dann vorsichtig hinzu „Wenn du arbeitest, sieh Gott in allem. Warum gehst du nicht in die Küche und servierst Essen? Du bist ein großartiger Mensch, du hast einen schönen Körper und eine feine Stimme. Wenn du Roti dienst, sage 'Roti Bhagavan, Roti Narayan, Roti Maharaj'."

Auf diese Weise wurde der Samen der Aspiration gesät.

SELBSTREINIGUNG

Manchmal wies Swami Sivananda darauf hin, dass Atmajnana (Selbstverwirklichung) äußerst einfach ist. Gott, Brahman, Atman sind schon wirklich. Es ist der Atman, der dort sitzt, es ist Atman, der hier sitzt, es ist Atman, der mit dem Kopf nickt, es ist der Atman, der spricht. Wenn all dies Atman ist, worin liegt die Schwierigkeit, ihn zu verwirklichen? All die anderen Lehrer und Meister — die uns belehren, wie unheimlich schwierig es ist — haben nicht unrecht. Selbstverwirklichung ist sehr einfach, aber die Vorbereitung dafür, die Reinigung, die eine Voraussetzung darstellt, ist äußerst schwierig. Atmajnana ist leicht, weil es eine Gabe Gottes ist nicht eine Leistung. Entweder kann man sagen, es ist schon da oder es ist eine Gabe Gottes, je nachdem, welche Ansicht man vertritt. Wenn man die Auffassung des Jnana Yoga annimmt, erkennt man, dass das Selbst bereits da ist. Wenn man die Einstellung des Bhakta annimmt, sagt man, es sei eine Gabe Gottes.

Warum praktizieren wir überhaupt Sadhana? Krishna erklärt dies sehr schön und umfassend in der Bhagavad Gita.

yunjyad-yogam-atmavisuddhaye (VI.12)

„Praktiziere Yoga zum Zwecke der Selbstreinigung.“ Yoga, Meditation und all die spirituellen Praktiken, die man unternimmt, sind allein dazu bestimmt, das Herz und den Geist zu reinigen, nicht um Gott zu verwirklichen. Swami Sivananda lehrte Selbstreinigung mit sehr einfachen und doch wirkungsvollen Methoden. Ich weiß nicht, was Eure Vorstellung von dem Wort 'Ausbildung' ist. Gewöhnlich stellen wir uns vor, durch Lob und Tadel ausgebildet zu werden — Zuckerbrot und Peitsche. Doch das ist nicht Ausbildung. Ausbildung bedeutet, dass dieser Kassettenrekorder auf mich ausgerichtet ist, dass man beim Fotografieren die Kamera auf das Objekt ausrichtet. Ausbildung bedeutet, die Aufmerksamkeit darauf zu richten, was man lernen oder tun will, und zu beobachten. Genau dies und nichts anderes tat Swamiji. Weder gebrauchte er Versuchung noch Drohung -nur Ausrichtung. Die Schwierigkeit ist hierbei, dass es leicht ist, eine Kamera, einen Kassettenrekorder oder eine Waffe in eine bestimmte Richtung zielen zu lassen, weil es leblose Objekte sind. Sie denken nicht und ändern auch nicht ihre Meinung — aber Menschen tun dies. Da wir weder Kameras noch Gewehre waren, die eingestellt oder abgeschossen werden konnten, musste unsere Ausbildung länger dauern. Swamiji musste dies immer und immer und immer wieder tun. Bis jetzt habe ich in der ganzen Welt noch keinen geduldigeren Menschen als Swami Sivananda erlebt. Er hat niemanden als hoffnungslosen Fall behandelt. Wenn man es auf dem einen Weg nicht versteht oder erkennt, dann versuchte er aus auf einem anderen Weg und auf noch einem — er wiederholte es so oft bis man es eines Tages, wie er hoffte, sehen würde. In dem Moment, in dem man es sah, hatte man das Ziel erreicht. Darum hat er gesagt, dass Selbstverwirklichung furchtbar einfach ist. Wenn man in ein stockdunkles Zimmer kommt und nicht weiß, wo der Lichtschalter ist, fängt man an, nach ihm zu tasten. Das Licht anzumachen ist furchtbar einfach, aber den Schalter zu finden, ist nicht so einfach. Er war erleuchtet und er konnte sehen, darum sagte er „Es ist zu deiner Rechten". Man drehte sich herum, bis man nicht mehr wusste, wo links und rechts war — und dann beruhigte er einen. Er hat uns nie unter Spannung gehalten. Er hat uns immer angespornt, vieles zu tun und zu lernen, doch wenn er sah, dass man drohte zusammenzubrechen, hob er alle Regeln auf.

In jenen Tagen gab es nicht so viele Leute im Ashram, und so hatte ich eine recht lange Zeit die heilige, glückliche und unangenehme Aufgabe, alle morgens um 4 Uhr aufzuwecken. Swamiji nahm es sehr genau damit, dass alle um 4 Uhr aufstanden und zu der Meditationsstunde kamen oder in ihren Zimmern meditieren — gleichzeitig nahm es sehr genau, dass ansonsten niemand in seinem Schlaf gestört wurde. Wenn jemand sich am Tage ausruhte, durften wir ihn nicht stören. Wenn Swamiji an einem Zimmer vorbeiging und sah, dass man sich darin ausruhte, war er still und gebot allen anderen in der Nähe, auch still zu sein.

Er lehrte eine Technik, wie man jemanden selbst um 4 Uhr morgens aufwecken konnte. Man sollte außen vor der Tür stehen und vorsichtig Ommmm sagen — etwa eine Minute warten und dann Ommm ein wenig lauter sagen. Wenn das nicht funktionierte, gab es ein noch lauteres OOOmm. Dann an die Tür klopfen. Dies war nur um 4 Uhr erlaubt, sonst nicht. Obwohl er großen Wert darauf legte, dass man morgens zur Meditation aufstand, machte er auch Ausnahmen. Er fand doch die eine oder andere Entschuldigung, wenn er sah, dass man nicht daran gewöhnt war und Zeichen von Überspannung oder Ohnmacht auftraten, weil das Beibehalten dieser Spannung oft zum Zusammenbruch, einer Reaktion führen kann. Ein halbes Brot ist besser als kein Brot!

Hatte der Student die eine oder andere Schwäche, drückte Swamiji ein Auge zu und sagte: „Er hat seine Schwächen, aber er hat auch großartige Stärken.“ Wenn man zu einem Lügner sagt, „Du bist die Wahrheit in Person“, wird er vielleicht eines Tages glaubhaft. Swamiji machte höchst selten jemand auf seine Fehler aufmerksam und wenn doch, so tat er es sehr freundlich. Erst kamen ein paar Bananen, dann ein kleiner Nadelstich, dem Butter und Honig folgten. Wenn die Banane verdaut war und die Butter aufgebraucht, verstand man plötzlich: „Mein Gott, das wollte er mir sagen!“

Da wir leben und die ganze Zeit denken, geht es bei dieser Ausrichtung nicht darum, die eine oder andere Richtung zu ändern, sondern um Selbstreinigung *Atma-suddhaye*. Ihr werdet euch fragen, ob es nicht einfacher und besser für den Menschen wäre, wenn die Unreinheit hervorgehoben wird, so dass man sich reinigen kann. Wenn jemand ungeduldig ist, sollte ein Lehrer nicht sagen: „Du bist ungeduldig. Hör auf damit." Würde das nicht zu sofortiger Selbstreinigung führen? Meistens nicht, weil das Ego, das sich als ungeduldig erweist, seine Schwächen nicht sehen will. Man mag es nicht, und wenn man eine Medizin bekommt, die man nicht mag, besonders psychologische Medizin, wird sie nicht helfen.

Patanjali sagt in den Yoga Sutras: „Wähle ein Objekt, das du magst." Sonst kann man nicht darauf meditieren, denn Geist wird sich weigern, sich ihm zuzuwenden. Man wird sein Ziel nicht erreichen. Selbst wenn also ein großer Meister einem sagt, man ist ein ungeduldiger Mensch und sollte seine Ungeduld zügeln, wird es einen wahrscheinlich sofort verärgern. Was verärgert einen aber hierbei? Es ist gerade die Ungeduld, die einen verärgert! Hätte es jemand anderes gesagt, hätte man ihm wohl den Kiefer zerschlagen, doch weil es der Meister sagt und man keine Vergeltung üben will, weint man. Die Tränen sind nicht Tränen der Reue oder des Gewissens, sondern Tränen des Widerstandes. Wenn man etwas sagt und der andere anfängt zu weinen, bedeutet das, dass die Kommunikation beendet ist, er will nichts mehr hören. So einen Menschen kann man nicht ausbilden. Die Tränen an sich bedeuten: „Bitte sage das nicht noch einmal." So war Swami Sivananda nicht veranlagt. Er wollte nie die Gefühle anderer verletzen. Im Gegenteil, er weigerte sich sogar diese Ausbildungsmethode bei seinen Schülern anzuwenden. Durch das Hervorheben der Fehler eines anderen kann man ihm niemals helfen, diese abzulegen. Er wird sie nicht sehen, die Tränen blenden ihn. Wenn Augen voll von Tränen sind, kann man weder sehen, was vor einem ist noch in einem vorgeht.

Es bedarf eines sehr festen und ruhigen Geistes, um die eigenen Unreinheiten zu sehen.

Nun kann man die Schwierigkeit der Selbstverwirklichung oder Selbstreinigung und die Schwierigkeit bei der Ausbildung eines Schülers sehen. Es geht hier nicht um eine Kamera oder eine Waffe oder einen Kassettenrekorder sondern um ein denkendes, fühlendes menschliches Wesen. Dieses Verstehen oder diese Wahrnehmung dreht sich nicht einfach um Intelligenz oder Intellekt, die Umstellung physischer Angewohnheiten und Verhaltensweisen oder das Verändern der inneren Einstellung sondern es muss auch eine Änderung in all diesem mit sich führen. Geist, Herz, Intelligenz, Lebenskraft und Seele müssen dies sehen. Ist das möglich? Sagen wir, jemand hat schlechte Laune und beleidigt jemand anderen. Ist es dann möglich, ihn davon zu überzeugen, dass dieser Fehler in ihm selbst liegt? Wenn man ihn zu überzeugen versucht, wird er einem zuhören und dann sagen: „Ja, ich hätte ihn nicht einen Idiot nennen brauchen, ich hätte ihn einfach als dumm bezeichnen können." Das bedeutet, dass er wohl noch den Keim der Objektivierung in sich hat. Er *fühlt* nicht, dass das, was er getan hat, falsch war — dass er als spiritueller Aspirant nicht so aggressiv hätte sein sollen. Buddha hat einen schönen Ausdruck dafür: 'sich wie ein Aal winden'. Er ist gar nicht aufrichtig, er rutscht nur durch. Etwas in ihm sieht dies nicht. Wird ein Fehler aufgedeckt, denkt er, die andere Person hat das Problem nicht ganz verstanden. Wenn einem jemand sagt: „Du hast dich gestern mit jemandem gestritten — das war nicht richtig", denkt man „Warum sagt er das nicht dem anderen? *Er* hat doch angefangen"! Der Geist wendet sich vom eigentlichen Fehler ab. Weder Geist noch Herz wollen es sehen. Wenn der Geist sieht, sieht das Herz nicht, wenn das Herz sieht, sieht der Geist nicht.

Swami Sivanandas Yoga ist der Yoga der Synthese. Wenn eine Veränderung oder Reinigung bewirkt werden soll, dann soll es gleichzeitig auf allen Ebenen geschehen, nicht eine nach der anderen. Das bedurfte unendlicher Geduld, und diese unendliche Geduld wird Liebe genannt. Swami Sivananda hat nie die Hoffnung verloren, und wie unmöglich seine Schüler auch sein mochten, und wie unverschämt sie auch auf diese Ausbildung reagieren mochten, ist er nie ausfällig geworden oder hat die Hoffnung aufgegeben. Er machte einfach weiter. War der Schüler nicht imstande zu sehen, was Swamiji zu tat, schuf er behutsam eine Situation, in welcher er es möglicherweise sehen konnte. So hat er vierzig Jahre lang unaufhörlich gearbeitet. Seine Methoden waren oft unkonventionell. Es war in den späten 40ern beinahe ein gängiger Witz, dass Swami Sivananda, wenn jemand sich bei ihm über jemand anderen beklagte, es nicht glaubte. Offensichtlich hätte sich niemand in der Gegenwart Swami Sivanandas gestritten. Wir stritten uns nur, wenn der Meister nicht da war! Und so geschah aller Unfug hinter seinem Rücken. Wenn man eine Beschwerde gegen jemanden bei ihm vorbrachte, antwortete er: „Ach wirklich?“, aber er glaubte es nicht richtig, weil *er es nicht mit seinen eigenen Augen gesehen hatte.* Natürlich hätte er es auch nie gesehen, weil sich ja niemand in seiner Gegenwart so verhalten hätte.

Wenn der Sekretär oder irgend jemand beim Meister eine Beschwerde vorbrachte, dass So-und-so raucht und Swamiji spürte, dass da ein Keim von Wahrheit daran war — dann schrieb er einen Artikel über die Gefahren des Rauchens. Wenn die Person, gegen die die Beschwerde vorgebracht worden war, gut Maschine schreiben konnte, würde er ihn bitten, es zu schreiben. Es gab keine direkte Konfrontation, aber es war möglich, dass sich beim Schreiben die Botschaft ins Herz schleichen würde. Konnte er nicht gut auf der Maschine schreiben, ließ Swamiji es von jemand anderem schreiben und bat denjenigen, es mit zum Abendsatsang zu nehmen. In jenen Tagen wurde im Satsang für gewöhnlich viel aus Schriften und ab und an von Swamijis eigenen Texten gelesen. An diesem Tag sagte er: „Mukunda, Du hast diesen Artikel geschrieben?" „Ja, Swamiji." „Bitte *ihn*, es vorzulesen" — wie zufällig, als wäre es gar nicht wichtig, wer es nun liest. So wurde es dem Mann gegeben, gegen den die Beschwerde eingereicht wurde. Im Satsang mit all diesen Leuten um sich musste er laut vorlesen. „Rauche nicht, es ist tödlich, es vergiftet deine Lunge, etc. Höre darum sofort mit dem Rauchen auf!" Möglicherweise verstand er die Botschaft. Oftmals bat Swamiji einen, einen Vortrag zu halten. Sagen wir, man wäre ein Mensch mit schlechter Laune. Jederzeit konnte man gebeten werden, in einer Gruppe einen Vortrag über Wut zu halten. Dann hätte man nie behauptet, dass Wut gut sei. Man hätte hervorgehoben, dass ein spiritueller Aspirant völlig ruhig und geduldig und so weiter sein muss. Währenddessen hörte man sich selber unumgänglich zu.

Das fundamentale Prinzip all dessen ist, dass man niemals von Swami Sivananda kritisierst wurde. Wäre man von ihm kritisiert oder ins Gebet genommen worden, würde all dies wirkungslos gewesen sein. Wenn man sich trotz aller Ausbildung nicht zurückhalten konnte, einen Streit mit jemand anderem anfing und der Streit sich so hochschaukelte, dass er ihm zu Ohren kam und ihr beide vor ihn gebracht wurdet, war das erste, was er tat, einen zu loben. „Ihr habt diese Qualität und jene Qualität. Fähig zu sein, der Welt zu entsagen und hierher zu kommen und im Ganges zu baden, ist das größte Glück. Ihr müsst in hunderten vergangener Geburten spirituelle Praktiken (Sadhana) gepflegt haben, um spirituell veranlagt zu sein. Und ihr müsst die Gnade tausender Heiliger verdient haben, um hier in einen Ashram gebracht worden zu sein, um ein spirituelles Leben zu führen." Wenn er dann hervorgehoben hatte, dass man an spirituellen Qualitäten sagenhaft reich war, fügte er hinzu, „Warum wollt ihr streiten? Es ist nur ein kleiner Fehler. Werdet nicht wütend.

Wenn ihr wütend werdet, könntet ihr eure Zukunftsaussichten verderben, eure ganze Arbeit. Habt ihr schon Frühstück gegessen? Habt ihr Kaffee getrunken, Tee? Soll ich noch etwas holen?" Fertig. Ein ganzes Bund Karotten und ein kleines bisschen Peitsche, und sofort wird es in noch mehr Obst und Milch eingepackt. Zu irgendeinem Zeitpunkt muss die Person einfach auf die Unreinheit aufmerksam werden.

Unreinheit ist keine statische Sache. Wir sagen, dass es im Charakter einer Person liegt, schlechte Laune zu haben, geizig oder dumm zu sein. Doch selbst das ändert sich. Möglicherweise hat jemand psychologische Angewohnheiten gehabt und ist durch irgendeine Art konstruktiver Kritik (nicht vom Meister, sondern von anderen) auf diese besonderen Fehler aufmerksam gemacht worden und konnte viele davon irgendwie überwinden, einen nach dem anderen. Dann wird er furchtbar eingebildet und egoistisch und sagt: „Ich war ein Scheusal, ich habe jeden gehasst. Jetzt bin ich sehr, sehr friedvoll." Er ist aus der Bratpfanne in das Feuer gerutscht. In der Bratpfanne hätte er es noch ein paar Tage gemacht, im Feuer ist sofort Schluss mit ihm! Sein Ego ist jetzt enorm. Das ist nicht gut.

Wenn man diese Übel attackiert, steht man sich Angesicht zu Angesicht mit dem Ego (dem Oberbefehlshaber, wie Swamiji immer sagte). Wenn man die Soldaten attackiert, rückt der Oberbefehlshaber ins Blickfeld. Wut, Gier und Eifersucht sind ganz ohne Wirkung und an sich letztendlich gar nicht so schlimme Dinge. Aber indem man sich mit ihnen beschäftigt, mag man herausfinden, dass das Ego eines ist. Das Ego nimmt all diese Formen an. Dasselbe Ego verkleidet sich als Wut zu einem Zeitpunkt, und wenn man die Wut überwunden hat, wird es zu Eifersucht oder Gier. Dasselbe Ego kommt wieder und wieder. Der Versuch, diese psychologischen Merkmale zu verstehen, hat nicht zum Ziel, sie zu überwinden — 'überwinden' impliziert Arroganz, Egoismus, Eitelkeit — sondern sie zu verstehen. Was lodert auf? Das Ego. Was ist gierig? Das Ego. Was ist eifersüchtig? Wieder das Ego. Also ist man nie sicher. Krishna zeigt diese Wahrheit im letzten Vers des zweiten Kapitels auf.

> *esha brahmi sthitih partha nai'nam prapya vimuhyati* (II.72)

„Dies ist das Brahmische Stadium, das Stadium der Erleuchtung. Hat man es erreicht, wird man nicht mehr getäuscht" — man wird nicht mehr zum Narren gehalten. Wird man zum Narren gehalten, ist man nicht erleuchtet, man *glaubte* nur, man wäre erleuchtet, man *glaubte*, ein Heiliger zu sein. Man ist es nicht. Noch einmal:

> *sthitva 'syamantakale 'pi brahmanirvanamrcchati* (II.72)

„Wenn man am Ende des Lebens darin gefestigt ist, ist man sicher." Wenn man vollständig und ganz tot ist, ist man absolut sicher. Bis dahin gibt es die Möglichkeit, dass ein Fehler, der überwunden wurde, durch das Ego als anderer wieder aufersteht. Dieses sind Swamijis berühmte und oft wiederholte Worte: „Bis zum Ende deines Lebens musst du wachsam sein."

SICH AUF DEN LEHRER EINSTIMMEN

Der Lehrer vermittelt dem Schüler die Theorie, bildet ihn aus und hilft ihm in seiner Praxis. Swami Sivananda erwartete nicht, dass der Schüler sich vorbereitete, bevor er zu ihm kam, also war er sowohl Acharya (der Lehrer) als auch Guru. Vielen war er vielleicht nur ein Acharya, der sie lehrte oder (was noch interessanter ist) einfach ein guter Mann, der sich um sie kümmerte. Vielen kamen arm hierher, er kümmerte sich um sie. Viele kamen verzweifelt hierher, er gab ihnen Hoffnung. Viele wussten nichts mit sich anzufangen, er gab ihnen Arbeit. Er repräsentierte für verschiedene Menschen etwas anderes.

Der Guru führt eine ganz besondere Beziehung zu den Menschen- nicht im Sinne von über- oder untergeordnet, sondern anders. Ein Beispiel: Jemand war vom Leben enttäuscht, hatte seine Arbeit verloren, sein Geld, seine Familie, Frau oder Kinder, und kam verzweifelt hierher und traf Swami Sivananda. Als dieser Mann Swamiji anschaute, sah er, ohne ein Wort gewechselt zu haben, dass *er* all die für das Glück so wichtigen Dinge — Geld, Besitz, Frau und Kinder — nicht hatte und doch glückselig war. Dieser Mann dachte: „Entweder stimmt etwas mit ihm nicht oder mit mir." Also begann er sich zu allererst zu fragen, ob es ihm auch möglich wäre, unabhängig von all jenen Dingen glücklich zu leben und keine Enttäuschung zu erleiden.

Orthodoxer Tradition zufolge konnte man nicht einmal aus dem Elterhaus ziehen, ohne diese ganze Untersuchung des Lebens beendet zu haben, doch Swamiji sagte: „Komm her, wir werden herausfinden, was zu dir passt." Wenn man erst einmal zu den Füßen des Acharya gelangt ist, will man lernen. Solches Lernen ist unmöglich, wenn man nicht auch dazu fähig ist, sich auf den Lehrer einzustellen. Es ist nicht immer seine Aufgabe, das zu tun. Der Acharya mag, besonders wenn er auch ein erleuchteter Mensch (ein Jivanmukta) ist, in seinem höchsten Erbarmen auf deine Ebene herunterkommen, um dich zu lehren. Doch wenn man darauf beharrt, auf dieser Ebene zu verbleiben, mag er einen dort zurücklassen. Also muss man hier und da einen Versuch starten, sich auf die Wellenlänge des Acharya zu erheben, so dass man ihn verstehen kann.

Wie weiß man aber, dass man sich nicht auf der Wellenlänge des Lehrers befindet? Der Test ist ganz einfach. Sicherlich habt ihr alle mal mit einem kleinen Transistorradio gespielt. Man weiß, dass man nicht auf der exakten Frequenz eines bestimmten Senders ist, wenn es rauscht. Dasselbe passiert in einem. Der Meister sagt etwas, und es entsteht ein Rauschen innen, ein seltsame Art inneren Widerstandes. Es ist nicht totale Ablehnung, sondern so etwas wie Knirschen in einem. Das bedeutet, dass man wahrscheinlich dem Lehrer gegenüber keine Ablehnung empfindet, doch ein wenig Anpassung ist angebracht, du bist nicht auf der gleichen Wellenlänge. Man kann weder ja noch nein sagen. Wenn der Lehrer einen also bittet, etwas zu tun, und da dieser innere Widerstand ist, bedeutet das, ihr seid nicht auf derselben Wellenlänge, und es ist ihm nicht möglich, mit dir zu kommunizieren. Es ist nicht sein Fehler, und es ist auch nicht dein Fehler, aber irgendwo ist da irgendein Fehler.

Der Student, der also (orthodoxer Tradition zufolge) zu frühzeitig zum Meister geht, muss an sich arbeiten, um auf dieselbe Wellenlänge zu kommen. Wird das nicht getan, ist Kommunikation schwierig und Ausbildung unmöglich, wie großartig auch immer der Meister sein mag. Erinnert euch bitte daran, dass Krishna (den wir als Inkarnation Gottes verehren), Jesus Christus und Buddha nicht immer fähig waren, Erleuchtung seitens ihrer Schüler oder Menschen mit denen sie in Kontakt kamen, zu bewirken. Krishna musste sogar so genannte Dämonen töten, weil sie niemals auf dieselbe Wellenlänge mit Krishna hätten kommen können. Auf dieselbe Weise konnte Jesus Christus Wind und Wellen anhalten, aber er konnte nicht jene ihn verfolgenden Rüpel aufhalten. Sind sie nicht auf derselben Wellenlänge, so ist es nicht möglich, sich mit ihnen zu befassen.

Auf dieselbe Wellenlänge zu kommen ist die erste Pflicht eines jeden Studenten, der ein Schüler/Aspirant werden möchte. Schüler (engl. disciple) bedeutet Disziplin, und Disziplin bedeutet Studium, sich selbst fortwährend studieren. Man kam hierher aus eigenem Entschluss, man sah etwas Außergewöhnliches im Meister, das man in sich selbst nicht finden konnte, doch dieser Faktor wird schnell vergessen. Man kam hoffnungslos, verzweifelt, hilflos, in innerer Qual, weil man gespürt hat, dass man die Antworten auf die Fragen um das Leben, die in einem entstanden sind, nicht hatte, und man hat gespürt, dass er sie haben würde. Das wird schnell vergessen, und das innere Rauschen beginnt — wenn er etwas sagt, traut man sich nicht, nein zu sagen, und man kann nicht ja sagen.

Man muss es selbst studieren. Der Guru wird es nicht tun. Die Funkstation wird sich nicht selbst auf den Empfänger einstellen, obwohl Swami Sivananda das in seinem höchsten Erbarmen oft getan hat. Das war ein Wunder, ein außergewöhnliches Phänomen. Er ist oft auf unsere Ebene herunter gekommen, um uns allen zu helfen. Der Guru kommt nicht herunter, weil er Gesellschaft liebt, sondern um einen zu erheben, und wenn man sich weigert, erhoben zu werden, wird er einen spirituell dort hinterlassen. Dann behandelte er einen als Armen, indem er ihn mit Lebensnotwendigkeiten versah — das, was man wollte!

Dieser Prozess des Erhebens ist in der Bhagavad Gita wunderbar beschrieben.

tad-viddhi pranipatena pariprasnena sevaya upadekshyanti te jnanam jnaninas-tattvadarsinah (IV.34)

„Wisse die Wahrheit von den Kennern der Wahrheit durch Demütigung vor ihnen, durch ihre Befragung und durch Dienen für sie." Drei Faktoren werden uns hier gegeben: Hingabe, Fragen und Dienen. Wenn der Student diese drei Faktoren in seinem Leben verkörpert, ist er befähigt, sich selbst wirksam zu studieren, sonst nicht.

Dem Guru zu dienen ist äußerst wichtig. Durch das Dienen lernt man, wie man sich auf die Wellenlänge des Gurus erhebt. Während man ihm dient, entdeckt man die Wellenlänge. Alles, was man tut, tut man auf bestimmte Weise, in einer gewissen Stimmung — der Acharya tut es anders. Es mag sogar seine persönliche Eigenart sein. Aber trotzdem wird man sich nicht auf seine Wellenlänge erheben können, wenn man nicht lernt, die Dinge, die man tut, auf seine Weise zu tun. Daher ist dieses Dienen wirksam. Es ist nicht so, dass der Acharya *deinen* Dienst benötigt. Swami Sivananda bemerkte oft: „Wenn ein Mann den Ashram und seinen Dienst verlässt, warten zwei weitere darauf zu kommen." Selbst wenn Swamiji uns spüren ließ, dass unser Dienst ein wichtiger Beitrag für die Mission war, schuf er uns damit eigentlich Möglichkeiten zu dienen und uns auf den Meister einzustellen, uns ihm anzupassen. Das war wieder ein einzigartiges Merkmal Swami Sivanandas. Er arbeitete sehr hart daran, ein Übungsfeld für dein Talent zu schaffen und einem so dabei zu helfen, innerlich zu wachsen, so dass Kommunikation stattfinden konnte. Ich will Euch nur zwei Beispiele nennen. Ein junger Mann kam in den Ashram und sagte, dass das einzige, was er konnte, Papierproduktion war. Sofort veranlasste Swamiji, dass die erforderliche Grube gegraben und das Rohmaterial beschafft wurde. Er erhoffte von dieser Hüttenindustrie nicht, dass dadurch der Ashram mit dem notwendigen Papier versorgt werden würde! Doch das war, was der junge Mann brauchte. Und der Meister diente dem Schüler und half ihm zu wachsen. Die ersten Jahre hat Swami Sivananda während des Satsang viel Musik nicht besonders gefördert. Dann schlossen sich dem Ashram aber ein paar Musiker an, und *ihret*wegen organisierte er Musikstunden, kaufte die notwendigen Instrumente, gab ihnen einen Raum und so weiter. So hat sich das Sendegerät auf den Empfänger eingestellt! Ohne dies realisiert zu haben wäre der Suchende noch immer nicht in der Lage, spirituelle Kommunikation zu genießen. Hat man dies realisiert, dann wird man dem Meister hingebungsvoll dienen und die Wellenlänge finden. In seinen Schriften, seinen Gesprächen und seinem eigenen Leben pries Swami Sivananda *Guru Bhakti* (Hingabe an den Lehrer) und *Guru Seva (Dienst am Lehrer)*. Er diente der Menschheit unaufhörlich, weil er seinen Guru-Gott in allem sah. Er verehrte sogar seine Acharyas, von denen er alles gelernt hatte. Und vergötterte buchstäblich den Unberührbaren, von dem er die Kunst des Fechtens gelernt hatte.

Man konnte mit Swami Sivananda über alle möglichen Probleme, die man hatte, frei sprechen. Dieser Dialog konnte dann sehr viele Formen annehmen. Durch sein Wohlwollen stellte oft ein Besucher 'deine' Frage, und man hörte Swamijis Antwort. Manchmal fand man sie in seinen Schriften, die er einem gebeten hat abzuschreiben, herauszugeben oder nur zu lesen. Oft wurde eine unausgesprochene Frage nonverbal beantwortet.

Während all dessen entsteht eine aufrichtige Demut in einem. Man beobachtet, was der Meister sagt und tut. Man sieht, dass er in seiner Weisheit, seiner Tüchtigkeit und seiner Lebenseinstellung überragend ist. Probleme, die jeden verwirren, löst er ohne Anstrengung. Er triumphiert in Situationen, in denen man zusammengebrochen wäre. Ereignisse, die jeden überwältigen, bewegen ihn nicht. Das liegt in der Natur Swami Sivanandas. Wenn man all dies beobachtet, entsteht eine aufrichtige Demut. Diese Demut kann nicht gebildet oder erworben werden. Sie muss entstehen. Wünscht man sich, dieses Licht anzumachen, dann bläst oder fächelt man nicht. Der Schalter ist woanders, und man muss jenen Schalter drücken. Im Falle aufrichtiger Demut liegt der Schalter auch woanders — nicht im Durchgehen der externen Bewegungen von Demut, sondern im Beobachten des Wunders, welches der Meister darstellt. Sonst wird einen der Demutsanspruch nur noch egoistischer machen.

Genau diese Demut wird zur Selbstaufgabe. Das innere Rauschen hört auf. Es entstehen Freude und Eifer im Dienst des Meisters. Man stellt fest, dass der Meister alles weiß und alles unendlich besser tut als man es könnte. Mit dieser Erkenntnis leert sich das Ego. Hingabe entsteht. Diese Hingabe kann nicht einmal beschrieben werden. Sie kann nicht gebildet werden. Man kann diese Hingabe nicht *spielen*. Obwohl man all diese Ausdrücke benutzen mag, ist es gut zu verstehen, dass der wahre Charakter von Selbstaufgabe jenseits jeglicher Beschreibung liegt. Man kann nicht heute verkünden: „Von jetzt an gebe ich mich dir hin." Das ist oftmals ein heuchlerisches Bekenntnis. Es läuft hinaus auf: „Ich will mich dir hingeben. Ich will jetzt all das tun, was du willst, so dass du für mich später alles tust, was ich von dir möchte." Wenn der Geist still ist, weil er weiß, dass der Meister alles weiß, wenn das Herz still ist, weil es sich nach nichts mehr sehnt, und wenn diese wirksam umgekehrt und auf den Meister eingestellt werden, dann geschieht Hingabe. Es ist die wunderbarste Sache.

Swamiji betonte immer und immer wieder, dass der Schüler sich dem Lehrer hingeben sollte. Aber er erkannte, dass diese Hingabe weder vom Lehrer noch vom Schüler selbst erzwungen werden konnte. Es musste geschehen. Aber sogar hier *ließ* er es geschehen. Er schuf das notwendige Umfeld für die Ausführung der Hingabe. Zum Beispiel konnte er etwas erwähnen, was mit seinem Wunsch, eine Arbeit verrichtet zu sehen, zu tun hatte, und dann eine Menge Alternativen zu verbreiten. Man wählte natürlicherweise, und an der Wahl konnte er sehen, wo genau man stand — ob man arrogant oder nur eingebildet war, ob gleichgültig oder heuchlerisch demütig, oder wahrhaftig demütig im Sinne von Selbstaufgabe. Gleichzeitig befähigte er jeden dazu, zu sehen, wo man stand, gab jedem eine Möglichkeit, sich selbst in dieser Situation zu studieren. Auf diese Weise war man fähig, das Ego und dessen Spiel zu entdecken. Wenn man die Hässlichkeit dieser Aktivität des Selbst entdeckte, entstand Hingabe in einem.

Wenn der Student sich dem Acharya gegenüber aufgibt, wird der Acharya zum Guru. Atmajnana oder Selbsterkenntnis geschieht gleichzeitig mit Selbstaufgabe. Hingabe ist eine der höchsten Erfahrungen. Jener Geist der Hingabe selbst wird zum Guru. Man ist befreit. Gnade fließt und überschwemmt das innere Wesen mit Licht. Alle Lasten fallen ab. Dies ist vielleicht das, was Weise meinen, wenn sie behaupten, dass der Guru Karma wegnimmt. Das Karma fällt ab, und innen ist Freude und Frieden.

HINGABE

Man sucht nach etwas, und der Meister liefert einem dieses Wissen. Obwohl in einigen Büchern das Wort 'Guru' als eine Pauschalbeschreibung für all dies benutzt wird, ist es gut, sich daran zu erinnern, dass der Guru nicht geboren ist bevor der Schüler völlige Hingabe entwickelt hat. Wenn diese Selbstaufgabe eintritt, geschieht etwas in dem Suchenden, der plötzlich ein Schüler wird (wahrscheinlich hat er sich selbst die ganze Zeit geschult und diszipliniert), und der Guru erscheint. Dann sieht man denselben Meister, und er scheint in einem sehr anderen Licht. Wir haben dies in Swami Sivananda oft zu besonderen Anlässen gesehen, zum Beispiel während der Sannyasa Einführungszeremonie. Als wir ihn da ansahen, sahen wir keine menschliche Persönlichkeit. Er war vollständig verändert. Das ist die Erfahrung des Gurus. Es ist unvergesslich. Es kann nicht in Worte gefasst oder beschrieben werden. In dieser Intensität geschieht es nur einmal. Als Kinder stellten wir eine Frage: „Wie viele Bananen kann man in einen leeren Magen essen?“ Gar keine, weil, nachdem der erste Mundvoll verschluckt worden ist, der Magen nicht mehr leer ist! So ist das. Wenn es das erste Mal passiert, trifft es einen. Man kann es noch einmal erleben, aber nicht mit derselben Intensität oder auf dieselbe Weise.

Die Erfahrung geschieht, wenn der Guru erscheint. Hingabe entsteht. Jene Hingabe bringt den Geist (welcher das Ego ist) zum Schweigen und macht das Herz ganz auf und empfänglich. Man mag von Shaktipata gehört haben — der direkten Übermittlung der spirituellen Erfahrung. Swami Sivananda hat auch darüber geschrieben, obgleich er nie öffentlich sagte, dass er Shaktipata gab. Aber viele haben es bekommen, z.B. von Ramakrishna und Vivekananda. Ramana Maharshi hat eine sehr schöne Antwort auf die Frage nach

Shaktipata gegeben. Er sagte, „Wenn du imstande bist, mit dem Herzen zu denken und zuzuhören, dann geschieht Shaktipata." Wenn der Geist ganz und gar schweigt und man sich dem Meister nähert, mit dem Herzen denkt und zuhört, dann ist der Meister imstande, einem die höchste Weisheit nonverbal zu vermitteln.

Es ist gut, sich anzustrengen und Fragen an den Lehrer zu stellen, doch man sollte niemals die Fähigkeiten oder die Art wie der Lehrer ausbildet bezweifeln. Wenn man das tut kann man nicht lernen. Gestern fragte ein Freund „Was passiert, wenn ich mich einer Person hingebe und die ein Gauner ist?" Wenn man ein ernsthafter Suchender ist, mag man es schwierig finden, sich ohne Zweifel jemandem gegenüber aufzugeben, der nicht erleuchtet ist. Wenn man es doch tut, sucht man etwas anderes und nicht Erleuchtung. Wenn man noch Zweifel an der Ausbildung hat, ist man nicht wirklich hingebungsvoll.

Gnade stellt den positiven Aspekt dieser Hingabe dar. Durch Hingabe verliert man sein Ego. Wenn das passiert, überflutet die Gnade des Meisters das Herz. Man sieht sich um, und plötzlich sieht man denselben Guru überall. Der Guru ist jene eine Person, doch er erscheint in allem, und seine Gegenwart wird in allem erfahren. Wenn beispielsweise Swami Sivananda der Meister war und man diese Erfahrung mit ihm hatte, mag dieser junge Mann etwas sagen, und man denkt sofort „Swamiji hat das gesagt." Man geht zu einem anderen heiligen Mann, und der tut etwas, dann denkt man „Ah, Swamiji hat das auch immer gemacht." Alles Heilige, alles Glückliche und alles Spirituelle erinnert einen an den Lehrer, mit dem Resultat, dass er in allem und überall da ist. Man mag vielleicht sogar unangenehmen Situationen begegnen, und plötzlich fällt einem ein, was Swamiji sagte: „Sei vorsichtig in solchen Situationen", „Sei geduldig" oder „Nimm es an, stelle dich darauf ein, passe dich an." Alle diese Dinge fließen in einen hinein, so dass man nie ohne den Lehrer ist. Der Lehrer ist immer in einem, weil es kein Ego mehr gibt, das Platz braucht. Weil das Ego nicht da ist, ist es der Meister, der das ganze Wesen überflutet, und ihn sieht man in allem Guten, Göttlichen und Heiligen. Er ist sogar da mit dir in unheiligen Situationen. Wenn das noch nicht der Fall ist, hat man den Lehrer noch nicht erkannt.

Wenn Ihr das alles verstanden habt, und bis hierhin aufmerksam gelesen habt, dann findet Ihr alle widersprüchlichen Lehren im Einklang. Der Guru ist nur einer, Acharyas mag es viele geben. Man mag von einer Anzahl von Lehrern gelernt haben — ein Mantra von dem einen, von jemand anderem, wie man eine Puja macht, und wie man Asanas macht von noch jemand anderem. All diese sind Acharyas — der Liebe, Verehrung und des Respekts wert — doch sind sie nicht der Guru. Es gibt nur einen Guru. Wenn man den Guru gefunden hat, wird er alles. Von da an kann man alles lernen und sich auf alles beziehen, ohne Kontakt zum Lehrer zu verlieren, denn wenn 'Ich' nicht existiert, kann ich nicht Kontakt zum Lehrer verlieren — dann existiert nur der Guru allein.

Swamiji erkannte, dass die Zeit reif war und betonte wie wichtig der Wunsch nach Selbstverwirklichung war. Man ist nicht einfach zum Suchen gemacht, man kann nicht dazu gezwungen werden aufzugeben oder zu dienen, selbst wenn dem Guru zu dienen von höchster Wichtigkeit ist. Ohne Dienen kann die Kommunikationsverbindung nicht hergestellt werden, weil man nicht weiß, wie man sich auf den Lehrer einstellen kann. Selbst wenn man die kraftvollste und brillanteste Radioempfangsanlage hat und dem Sender nahe ist, wird sie keine Musik empfangen, wenn man sie nicht eingeschaltet und die Frequenz eingestellt hat. Man muss damit arbeiten, es anzuschalten und einzustellen. Auf genau dieselbe Weise, selbst wenn man in nächster Nähe zum Lehrer sitzt, erhält man nichts von ihm, wenn man ihm nicht dient. In diesem Arbeitsverhältnis findet man die Wellenlänge heraus, findet das Ego und wie man es loswird. Wenn das Ego selbst erkennt „Ich bin nutzlos, er ist großartig", dann ist die Morgendämmerung der wahren Hingabe da.

Hingabe kann nicht erzwungen werden. Wenn der Meister dem Schüler Dienst auferlegt, ist Dienen nicht freiwillig — was bedeutet, dass der Student nur die Bewegungsabläufe des Dienens durchmacht, da gibt es kein Dienen. Das ist einer der Gründe dafür, dass Swami Sivananda nie jemanden gezwungen hat, etwas zu tun. Als Meister erlaubte er jedem Studenten, seine eigene Erlösung zu erarbeiten, zu tun, was sie wollten. Wenn jemand Papier herstellte, versorgte er einen mit den nötigen Dingen dafür. Sagte man, man würde gerne meditieren, empfahl er einem, man sollte am Gangesufer sitzen und meditieren. Sagte man, man würde die *Tulsidas Ramayana* (indisches Heldenepos) total verehren und sie von morgens bis abends lesen wollen, ermunterte er einen dazu. Er ordnete in der Küche an, jeden mit allem Notwendigen zu versorgen. Manchmal richtete er sogar ein Fachgebiet ein, so als ob es eines der Fachgebiete der Ashramtätigkeit wäre. Man machte also, was man konnte, freiwillig. Wenn man erst einmal in diese Aktivität hineingekommen war, fand der Sender die Wellenlänge und eine Möglichkeit, mit einem zu kommunizieren. Von da an begann er, einen liebevoll zu piesacken. Er konnte sogar mit Ideen kommen in dem Fach, in dem man angeblich Spezialist war. Das passierte bei Swami Saranandas, dem Fotospezialisten. Er kaufte die Kamera und die Ausrüstung für die Dunkelkammer und erklärte ihm verschiedene Arten, diese zu benutzen. Plötzlich wurde der Sender wahrhaftig ein Sender. Er versuchte nicht mehr, sich an die Wellenlänge anzupassen, sondern sendete — so dass man frei war, um die Arbeit zu tun, doch die Anleitungen kamen von ihm. Vorsichtig kam eine Veränderung. Wenn das passierte, begann der innere Aufstand, das Rauschen. Man war nicht mehr fähig zu empfangen. Man ging zu ihm, um sein Student zu werden, ihm zu dienen. Und er verlangte von einem weder, es zu tun noch, es zu lassen sondern wartete, bis man es freiwillig tat. Etwas später kam er dann mit Verbesserungsvorschlägen für die Arbeit. Ist man darauf vorbereitet, es auf die Weise zu tun, um die er einen bat? Ist man widerwillig? Oder wird man rebellisch? Da begann die Disziplin — keine Disziplin im Sinne davon, Swamiji blind zu gehorchen und zu tun, was er sagte. Aber wenn man clever war, begann man, sich selbst zu studieren. Man fragte sich: „Ich kam hierher, um ihm zu dienen, ich meldete mich freiwillig, ihm zu dienen, ich habe mich sehr glücklich geschätzt, ihm dienen zu können. Nun schlägt er selbst vor, dass etwas auf eine bestimmte Weise getan werden soll. Warum ergreift der Geist diese Gelegenheit nicht beim Schopfe? Warum nimmt er es nicht eifrig auf?" Dieser Aspekt des Geistes, der rebelliert, der sich widersetzt zu akzeptieren, ist das Ego.

Swami Sivananda hatte diese außergewöhnliche Eigenschaft der Synthese von Freiheit und Disziplin. Als Leiter eines Ashrams findet man es unmöglich, diese beiden zu kombinieren. Entweder gebraucht man Disziplin oder erlaubt Freiheit, doch er war fähig, diese beiden sehr schön und zart zu verbinden, obgleich eine ungeheure Menge an Arbeit und Anpassung von Seiten Swami Sivanandas damit verbunden war. In Freiheit erlaubte er einem zu wachsen, und während man wuchs, stutzte er zurecht. Das ist der beste Weg, um Rosen zu ziehen. Man erlaubt den Pflanzen, in absoluter Freiheit zu wachsen, und während des Wachstums beschneidet man sie ein wenig, und dann blühen die Rosenknospen noch viel schöner. So bildete er seine Schüler aus. Selbstaufgabe wurde nicht gefordert, sondern er schuf Situationen, in denen es offensichtlich wurde, dass er der Meister war. Es gab nichts, das er nicht wusste. Wenn zu der eigenen Befriedigung einmal, zweimal, drei- und viermal bewiesen worden war, dass man ein Narr war, warum sollte man das Egospiel weiterspielen wollen? (Manche Leute taten das. Ich sage nicht, dass alle sich ihm gegenüber hingaben.) Nur auf diese Weise bewirkte er diese Aufgabe. Wir beobachteten, sahen selbst, wie die Dinge liefen, verglichen, was wir getan hätten mit dem, was er tat, die Art, auf welche wir Dinge getan haben wollten, mit der, wie er wollte, dass Dinge geschahen. Und wenn man so beobachtete, sah man, dass er unendlich weiser war, unendlich mehr fähig. Dann sagte man im Geiste: „Mach du es. Hari Om Tat Sat", so dass Selbstaufgabe in einem geschah.

Diese Freiheit des Wachsens wurde während der ganzen Zeit der Beziehung zwischen ihm und dem Schüler praktiziert, denn nur in Freiheit gibt es ein Wachsen. Ohne Freiheit gibt es kein Wachsen. Man konnte sich selbst das *Sadhana* (spirituelle Praxis) aussuchen, was man praktizieren wollte. Dies war ein außergewöhnliches Merkmal. Normalerweise schreibt der Guru das Sadhana vor, das der Schüler ausführen sollte. Das tat Swami Sivananda niemals, ausgenommen der Fälle von Schülern, die perfekt auf ihn eingestellt waren. Selbst beim *Mantradiksha* (Einweihung in ein Mantra) fragte er dich nach dem *Ishta Devata* (persönlicher Aspekt Gottes) und nahm dann ein Mantra, das dazu passte. Er nahm das *Sannyasa Diksha* (Mönchsweihe) und fragte, welchen Namen man wollte. Und auf dieselbe Weise erlaubte er einem, das eigene Sadhana ganz nach dem persönlichen Geschmack zu machen. Er mochte einen ausloten, um zu sehen, was man am liebsten mochte, aber es war die eigene Wahl des Schülers.

Es gab ein lustiges Ereignis im Jahre 1944. Wir führten eine kleine Divine Life Society Nebenstelle in Delhi. Swamiji war auf der Durchreise in Delhi, um von da aus nach Bombay zu fahren. Fünf von uns jungen Leuten begaben uns zum

Bahnhof in Delhi, um ihn zu empfangen, und am nächsten Morgen begleiteten wir ihn zum Zug nach Bombay. Vier von uns waren Junggesellen, einer war verheiratet. Swamiji fragte jeden von uns nach unserer Gesundheit, danach, was wir beruflich taten, und so weiter. Den verheirateten Mann fragte er nach seiner Frau. Er antwortete „Sie ist mit den Kindern nach Hause gefahren." „Ah, lass sie dort bleiben, lebe ein unabhängiges Leben", sagte Swamiji. Dieser arme Mann hing sehr an seiner Frau und fragte „Wie lange werde ich allein bleiben?" „Hole sie her, bitte sie, sofort hierher zu kommen. Sie wird sich um dich kümmern, sie wird dir Essen machen und deine Kleider waschen. Bitte sie, sofort zu kommen", sagte Swamiji gleich daraufhin. Das war im Wesen Swamiji Sivananda. Er mochte etwas hervorheben, und das tat er so feinfühlig und vorsichtig. Das war seine Methode. Er hatte seine Botschaft vermittelt. Ebenso mochte er einem im Laufe eines Gespräches eine Arbeit vorschlagen, doch wenn man sagte, man wolle lieber meditieren, sagte er „Sehr gut, geh meditieren. Setze dich ans Gangesufer von 4 bis 7 Uhr morgens. Meditiere drei Stunden." Er würde warten, bis man von selbst darauf kam, dass man schlief. Diese außergewöhnliche Geduld besaß er.

Das Wachsen muss von innen kommen, nicht von außen auferlegt werden — aber auf jeden Fall muss es ein Wachsen *geben*. Nun, wie können diese beiden Positionen in Einklang gebracht werden? Wachsen muss *freiwillig* geschehen, und das Wachsen *muss* freiwillig *geschehen*, (ich verwende denselben Satz und verändere nur die Betonung.) Da, denke ich, übertraf er sich selbst. Er erlaubte totale Freiheit, doch er wartete auf Möglichkeiten, den Samen zu säen, zurechtzustutzen, den Weg zu weisen, auszubilden — auszubilden im Sinne von einem die Richtung zu weisen. Wenn man nach sechs Monaten, in denen man drei Stunden jeden Morgen meditiert hatte, zu ihm kam und sagte, dass nichts geschähe, dann sagte er, „Du musst dazu etwas Hare Rama Kirtan im Bhajan-Saal machen, dann vertieft sich die Meditation.“ *Jetzt* spricht es einen an. Hätte er das einem gleich zu Anfang gesagt, dann hätte man diesen Vorschlag wahrscheinlich nicht positiv aufgenommen. Danach geht man jeden Tag zwei Stunden Kirtan im Bhajan-Saal machen, aber man findet, dass das den Geist auch nur träge macht. Wenn man fähig ist, das wahrzunehmen, mag er einem vorschlagen, eine Stunde im Büro zu arbeiten oder in der Küche Gemüse zu schneiden. (In jenen Tagen mussten wir Gemüse schneiden und die Küche und den Speisesaal sauber machen.) Es war nicht als würde man dem Ashram dienen, aber man wurde mit seiner Trägheit fertig. Dann sagte man sich, „Warum mache ich nicht ein wenig Sport. Etwas *Pranayama* (Atemübungen) oder Yoga *Asanas* (Körperstellungen).“ Und ehe man wusste, wo man sich befand, praktizierte man das, was er am meisten liebte, Integrales Yoga. Es wurde einem überhaupt nicht bewusst, dass all das sein Ziel war. Er hatte einem die Freiheit gegeben, es zu finden — wobei er nur hier und da den Ansporn und die Anleitung geliefert hat — aber man hatte das Privilegium, freiwillig das zu tun, was er wollte. Das war eine außergewöhnliche Einstellung. Man besaß die Freiheit, das zu wählen, was er von Anfang an für einen vorgesehen hatte.

Keiner von uns konnte sich je an ein Beispiel erinnern, da er seinen Schülern seinen Willen aufgezwungen hatte. Niemals. Es war immer „mach weiter und weiter und weiter — und du findest es heraus.“ Natürlich hatte der Ashram seine eigenen Regeln und Gesetze, das war eine andere Geschichte. Die Ashramdisziplin gab es wohl, doch zwischen ihm und den Schülern gab es nur absolute Freiheit, aber geleitete, geübte Freiheit, Freiheit, die dem Studenten das Wachsen ermöglichte. Und Wachsen geschah. Die Freiheit war nicht so frei, dass sie dem Studenten erlaubte zu tun und zu lassen, was er wollte. Dann gab Swamiji vorsichtig einen Stich, und man wachte auf. Der Stich konnte auf hundert verschiedene Arten kommen, aber er war immer vorsichtig. Er weckte dich, doch tat nicht weh.

Das war, glaube ich, äußerstes Wohlwollen — Wohlwollen nicht nur im Sinne von göttlicher Liebe, die uns zufloss, sondern auch, dass es wohlwollend getan wurde. Das höchste Wohlwollen von Swamiji ist wahrscheinlich unmöglich an anderer Stelle zu finden. Er war all die Dinge in einem, ein Vater, eine Mutter, ein Lehrer, ein strenger Meister und ein äußerst liebender Freund. Er fügt alles zusammen. Es gab keine Aufteilung. Er verband immer alle möglichen Widersprüche. Widersprüche miteinander zu verbinden war seine Spezialität.

KARMA YOGA

Swami Sivananda erschuf keine neue Philosophie, er überbrachte bereits existierendes Wissen. Wo dieses Wissen durch Nicht-Verstehen verzerrt worden war, flößte er seinen eigenen wunderbaren Sinn des Verstehens ein. Wirkliches Verständnis ist nicht intellektuell. Der Geist versteht nicht, sondern versucht zu greifen — und die so zarte Wahrheit kann nicht ergriffen werden. Man kann nicht Luft greifen, aber man kann sie einatmen. Ebenso muss Wahrheit eingeatmet werden, so wird man durch die Wahrheit inspiriert. So wie die Atemluft notwendig ist zum Leben, so selbstverständlich muss Wahrheit in deinem Leben werden. Dann lebt man Wahrheit, man wird zur lebenden Wahrheit. Man fließt mit der Wahrheit ohne jemals den Kontakt zu ihr zu verlieren. Das Leben wird göttlich. (Darum nannte Swami Sivananda seine Mission Divine Life [„göttliches Leben" — m.A.].)

Man kann die Wahrheit nicht fassen, aber das bedeutet nicht, dass man sie aufgeben sollte. Manche versuchen die Wahrheit festzuhalten und verfehlen sie gerade deswegen. Andere sagen: „Nein, Wahrheit kann nicht erfasst werden", und geben sie auf. Sie haben nie angefangen. Es gab einen wunderbaren Weisen, der betonte, dass Wahrheit, nur weil sie nicht ergriffen werden kann, trotzdem nicht einfach aufgegeben, ignoriert werden sollte. Es gibt eine andere Möglichkeit. Man fließt mit ihr, ohne jemals den Kontakt zu verlieren, ohne sie zu ergreifen und ohne von ihr fern zu bleiben. Das war Swami Sivanandas besondere Methode.

Swami Sivananda hat in seinen eigenen Büchern die Essenz traditionellen Lehrens gegeben und diesen Lehren dabei die geheime Botschaft mitgeteilt, wie man mit der Wahrheit in Kontakt bleibt, wie man sie zu einem integralen Teil seines Lebens macht. Er selbst verkörperte diese Lehre. Wahrheit muss verkörpert werden, sie muss gelebt werden. Sowohl Theorie als auch Praxis haben ihren Platz darin, aber Leben ist etwas anderes als Theorie und Praxis. Die Wahrheit zu leben bedeutet, sie theoretisch zu kennen und sie auf die eine oder andere Art zu praktizieren, aber nichts von beidem repräsentiert die Wahrheit. Theorie ist Arbeit des Hirns, intellektuelles Verständnis. Intellektuelles Verständnis funktioniert auf der Basis von Einteilung, es vergleicht und stellt gegenüber (intellegere= auseinander lesen, unterscheiden). Der Intellekt sieht dies als Tisch und jenes als Platte, wobei sie in Wahrheit beide Hölzer sind. Nur jemand, der nötigst Feuerholz braucht, sieht all dies als eines. Für ihn wären nicht Tisch oder Platte von Interesse, sondern nur Feuerholz. Der Intellekt versteht die Gesamtheit nicht als Gesamtheit, sondern teilt sie in Kategorien ein.

Obgleich intellektuelles Verständnis notwendig sein mag, wird es nicht zur lebenden Wahrheit. Ebenso ist Praxis grundlegend, doch selbst das ist unvollständig. „Ich übe mich in dieser Disziplin“, „Ich meditiere über Gott.“ In allem steckt die Einteilung in Subjekt-Objekt, in Handelnder-Handlung — *Karta* und *Karma*, *Karya* und *Karana*. Das Leben kennt keine solche Einteilung, und Bewusstsein kennt keine solche Einteilung. Es gibt nicht einmal eine Einteilung in was wir Leben und Tod nennen, weil das Leben weitergeht, wenn der Körper stirbt, und das Bewusstsein schläft nicht ein, wenn ein Teil unseres Geistes vielleicht einschläft. Darum hört Wahrheit nicht auf, wahr zu sein.

Swamiji gab uns die Theorie, half uns mit der Praxis und deutete die Wahrheit an. Die Wahrheit kann nur nonverbal angedeutet werden. Während er in seinen Schriften Theorie vermittelte, belehrte er fast nie, aus dem einfachen Grund, dass erst Hunger und eine Empfindung für Dringlichkeit auf Seiten des Studenten oder Schülers herrschen müssen, bevor die Nahrung verdaut werden konnte. Hier hat man sogar mit dem Essen Probleme. Um 11 Uhr klingelt die Mittagsglocke. Man muss sitzen und essen, obwohl man keinen Hunger hat. Das natürliche Resultat ist ein verdorbener Magen! Die Nahrung, die gegessen wird, wird nicht zur Lebenskraft. Regelmäßige Essenszeiten mögen in einer Organisation nötig sein, auf dieselbe Weise, wie Unterrichtsstunden nötig sein mögen. Doch Swamiji wartete, bis man nagenden spirituellen Hunger bekam, dann brauchte er einen nur ansehen oder ein paar Worte sagen. Das war seine Methode. Er mochte Unterricht und stellte sich sogar diese Akademie vor, doch gleichzeitig unterstrich er die Notwendigkeit spirituellen Hungers, der durch einen einfachen Funken gestillt werden konnte. Das war seine Einstellung. Obgleich er nicht viele Vorträge hielt, waren die wenigen Worte, die seine Studenten und Schüler von ihm gehört haben mögen, unvergesslich. Meist war er die lebende Wahrheit. Seine Handlungen sprachen viel lauter als ein lauter Redner.

Obgleich sein ganzes Leben im wahrsten Sinne des Wortes das von Karma Yoga war, waren seine eigentlichen Schriften über Karma Yoga dürftig. Sein *Leben* war Karma Yoga. Karma Yoga in seinen wahrsten Sinne kann nur von einem Weisen in Selbstaufgabe praktiziert werden. Genau definiert ist Karma Yoga als selbstloses Dienen. Was ist selbstloses Dienen? Ist es bloße Ablehnung einer Belohnung? Wenn ich also komme und jemandes Sachen wasche und es ablehne, auch nur eine Banane zu nehmen, bedeutet das Karma Yoga?

> *arurukshor-muner-yogam karma karanamuchyate*
> (VI. 3)

„Für einen Weisen, der Yoga erlangen will, wird gesagt, dass Handlung das Mittel ist“, sagt Krishna in der Bhagavad Gita. Wenn jemand sich müht, die Leiter des Yoga hinaufzuklettern, haben all diese Dinge einen Wert. Wenn du jemandes Sachen wäschst, ohne überhaupt an eine Belohnung zu denken, ist das sehr gut, aber es macht nicht selbstloses Dienen aus. Man will nichts dafür haben, aber alle Leute sollen sagen, was man für ein toller Karma Yogi ist. Wenn man sagt: „Ich wasche die Sachen dieses Mannes, wenn er nicht da ist, und verschwinde so, dass mich niemand sieht..." Kann man diesen Satz beenden? „so dass niemand weiß, *was ich getan habe.*" Ist das selbstloses Dienen? Ist es für Neulinge auf dem spirituellen Weg wie die meisten von uns überhaupt möglich zu verstehen, was Selbstlosigkeit bedeutet? Was wir mit dem Praktizieren von Karma Yoga versuchen zu erreichen, ist, Selbstsucht (die vom Standpunkt unserer spirituellen Evolution und sozialen Wohlfahrt gesehen sehr wichtig ist) zu minimieren. Aber es ist nicht Selbstlosigkeit. Was ist Selbstlosigkeit? Ein ganz besonderer Samadhi wird in der Bhagavad Gita erwähnt.

> *brahma'rpanam brahma havir-brahmagnau brahmana hutam*
> *brahmai'va tena gantavyam brahmakarmasamadhina*
> (IV. 24)

„Demjenigen, der frei von Bindung ist, der befreit ist, dessen Geist sich in Wissen begründet, der des Opfers wegen (Gottes wegen) arbeitet, für den löst sich der ganze Vorgang auf." Brahma-karma-samadhi — "Dieser *Samadhi* ist erreicht, wenn direkte Verwirklichung der simplen Wahrheit, dass es nichts außer *Brahman* (das Absolute) gibt, eintrifft." Punkt. Es heißt nicht einmal „Es gibt nichts außer Brahman in der Welt", weil man dann schon eine Welt schafft. Der Redner ist Brahman, die Rede ist Brahman, die Worte sind Brahman, das Medium, durch das diese Worte (Klangvibrationen) übertragen werden, ist Brahman, die Organe, die diese Vibrationen empfangen, sind Brahman, die Person, die dies versteht, ist Brahman. Auf dieselbe Weise geschieht alle Handlung in Brahman, — es sind nicht einmal Handlungen, sondern Brahman. Wo gibt es im Lichte dieser Wahrheit ein Ding, das sich Selbst nennt? Wo gibt es ein Ding, das Handelnder, Motiv der Handlung, eine Person, an die die Handlung gerichtet wird und Ziel der Handlung heißt? Nichts davon existiert. Jemand, der vollständig in dieser Verwirklichung begründet ist, ist ein Karma Yogi.

Der fundamentale Kern des Karma Yoga ist Selbstlosigkeit oder die Verwirklichung dessen, dass es kein Selbst gibt — im Sinne des Ego-Selbst oder des Handelnden oder des Nutznießers. Die Verwirklichung der Nichtexistenz des Selbst koexistiert mit der Verwirklichung, dass 'Brahman allein existiert und es keine Verschiedenheit gibt'. Beim Eintreffen der direkten Verwirklichung dieser Wahrheit entsteht vollendete Selbstlosigkeit. Handlung, die aus dieser Selbstlosigkeit fließt, ist Karma Yoga.

Was sind die Merkmale solcher Handlung? Vita-raga-bhaya-krodhah—wenn jemand die Selbstverwirklichung realisiert hat, dann sind *Raga* (Anziehung), *Bhaya* (Angst) und *Krodah* (Hass) vollständig abwesend. Es besteht völliges Nicht-Verhaftetsein, vollständige Abwesenheit von Angst und Hass. In der Bhagavad Gita ist dies die grundlegende Definition eines Karmayogis. Wenn diese drei verloren gegangen sind, ist Handlung nicht verloren gegangen, Leben hört nicht auf. Leben fließt ohne Raga, Bhaya und Krodha weiter, weil es kein Selbst gibt, das sich an etwas verhaftet, das etwas hasst oder vor etwas Angst hat.

Wenn diese höchste Einheit gesehen wird, wie kann da Illusion oder Trauer entstehen? Wenn eins allein nur existiert, dann entsteht die Möglichkeit eines „ich", das sich an einem „du" verhaftet, nicht. Bevor ich eine Anziehung dir gegenüber erfahren kann, bevor die Möglichkeit der Verhaftung meinerseits an dich entsteht, muss es eine Abgrenzung geben. Wenn es keine Abgrenzung gibt, was macht es dann für einen Sinn, verhaftet zu sein? Ich kann nicht wissen, dass diese Abgrenzung aufgehört hat, weil das „ich" nur solange existiert, wie die Abgrenzung besteht. Das „ich", das Ego, das Selbst, kann wohl wissen, dass es Verhaftung gibt, dass ich an dir verhaftet bin. So lange, wie diese Verhaftung die Oberhand hat, gibt es keine Selbstlosigkeit und kein Karmayoga. Aber bitte versucht, all dies zu untersuchen und zu verstehen und die Wahrheit zu finden. Man mag weniger egoistisch werden. Diese Bemühung wird auch Karmayoga genannt. Swami Sivananda hat oft hervorgehoben, dass, während die bloße Perfektion Yoga ist, doch auch die Anstrengung und Mühe in Richtung dieser Perfektion in die breitere Definition von Yoga mit eingeschlossen werden können.

Arurukshor-muner-yogam karma karanamuchyate

„Für jemanden, der sich müht, das Ziel zu erreichen, ist Handlung das Mittel, sagt man."

Yogarudhasya tasyai'va samah karanamuchyate (VI.3)

„Wenn jemand diesen Zustand des Yoga erreicht hat, besteht völlige innere Ruhe." Also können diese beiden unter die breite Definition von Yoga fallen.

Wenn Selbstverwirklichung besteht (und damit die direkte Erkenntnis, dass das Ego-Selbst nicht-existent ist), besteht auch spontane Selbstlosigkeit und spontanes Karmayoga. Dies sah man bei Swami Sivananda. Er war vollständig unverhaftet, obwohl es, wenn man mit ihm zusammen war, so aussah, als hätte er einen höchst lieb gewonnen. Es gab sogar Situationen, wo er es sogar so aussehen ließ, als ob ihm XYZ besonders lieb wäre. Es gab hier einen Swami, der eigentlich nicht Swami Sivanandas Schüler war, dennoch war er mehr als ein Schüler von ihm. Er war von einem tollwütigen Hund gebissen worden, und Swami Sivananda tat alles Notwendige für seine Genesung. Er schickte ihn in ein Krankenhaus, damit er behandelt wurde. Als am nächsten Morgen ein Telegramm kam mit der Nachricht, dass er auf dem Weg der Besserung war, gab es niemanden, der glücklicher war als Swami Sivananda selbst. Als etwas später am gleichen Tag noch ein Telegramm kam mit der Nachricht vom seinem Tod, war Swami Sivananda fast sichtbar schockiert. Als am nächsten Morgen der Leichnam hergebracht wurde, sah er ihn nicht einmal an. Die darauf folgende Nacht betete er für seine Seele, und danach war alles ganz vergessen. Weder erwähnte er den Namen dieses Mannes noch sprach er davon, was er getan hatte.

Nicht-Verhaftung bedeutet nicht Gleichgültigkeit. Wenn man mit Swamiji zusammen war, dachte er an nichts anderes. Es war, als wäre man sein ganzes Leben. Wenn man wegging, konnte man für immer gehen, das war kein Problem! Was ist das für eine Wesensart? Es ist höchste, intensive Liebe ohne Verhaftung. Es ist intensives Handeln, intensives Dienen ohne Verhaftung. Da wir dies aber versuchen, mit dem Verstand zu erfassen, will der Verstand es leider in eine kleine, hübsche Form pressen — was bedeutet, es von anderen Dingen zu isolieren, um es dann mit den anderen Dingen zu vergleichen. Wenn der Geist das versucht zu fassen, verwandelt er es in eine Definition: „Dies ist Liebe", „Dies ist Verhaftung", „Dies ist Nicht-Verhaftung." Man kann diese feinen Qualitäten nicht definieren. Wenn man mit einem Menschen wie Swami Sivananda zusammen lebt, sieht man dies, doch leider springt selbst dann der Verstand wie ein Affe herum und versucht, die Bedeutung der Handlungen dieser Weisen zu erfassen. Er lebte nicht sein Leben, um von uns verstanden zu werden, er hat kein Beispiel gesetzt, damit wir seine

Botschaft in seinem Leben lesen können. Er lebte, weil ... er lebte. Was hätte er anderes tun sollen?

Ist es möglich, ein solches Leben zu beobachten, ohne seinen Verstand einzuschalten? Wenn der Verstand es wahrhaftig beobachtete, könnte es ihn nur verwirren — wenn es zum Beispiel einen Augenblick so aussah als hätte er seinen Swamiji furchtbar gern, und im nächsten, als ob es nicht so wäre. Man meint, dass er seine Gefühle vielleicht nur vorgab — doch nein, er konnte sich nicht verstellen.

Das ‚ich' versteht nicht. Dann entsteht irgendetwas in einem, das erkennt, dass *dies* Liebe ist, eine Liebe, die völlig frei von Verhaftung ist. Jene Liebe ist da wegen vollständiger Selbstlosigkeit — und die Selbstlosigkeit ist da aufgrund direkter Verwirklichung von Brahman oder der unendlichen Einheit.

Abwesenheit von Verhaftung, Angst und Hass

Karma Yoga heißt nicht, einfach etwas zu tun, ohne eine Belohnung dafür zu erwarten. Eine Sache ist es zu erwarten, eine ganz andre jedoch, ohne Erwartung zu erhalten. Swami Sivananda gab anderen von sich selbst, seinen Diensten und seinem Wissen, ohne etwas als Gegenleistung dafür zu erwarten. Doch er gab einem auch die Möglichkeit, seine Dankbarkeit, seine Anerkennung, seine Hingabe zu zeigen. Er wollte sie nicht, und er wäre auch in keiner Weise enttäuscht gewesen, wenn man davonginge, aber er war nicht egoistisch genug, es abzulehnen. Wer um eine Belohnung bittet, ist das Ego, und was ein Angebot ausschlägt, ist auch das Ego. Er hat mir einmal, kurz gesagt, erzählt, „Frage nicht nach etwas, weise nichts ab." Eine Belohnung nicht zu erwarten ist nicht genau dasselbe wie eine Belohnung abzuweisen, aber das ist nicht das einzige, was Karma Yoga ausmacht. Karma Yoga ist selbstloses Dienen.

Um ein Karma Yogi zu sein, muss man das Ego aufgeben. So wie Dunkelheit nicht sichtbar ist, ist auch das Selbst nicht sichtbar. Es ist wie ein Schatten — es ist und es ist nicht — doch seine Auswirkungen und seine Handlungen sind sichtbar. Eine Auswirkung ist *Raga* (Mögen), was mentale oder psychologische Verfärbung ist. Es ist nicht bloß das Wünschen oder die Verhaftung, sondern die mentale Verfärbung, die solch eine Verhaftung herbeiführen. Für gewöhnlich ist es ein Gefühl, dass dieses Objekt oder diese Person eine Quelle der Freude, Sicherheit und des Glücks ist. Wenn diese Einstellung die Oberhand gewinnt, eilt der Verstand zu diesem Objekt oder der Person. Swami Sivananda war völlig frei davon, sogar so frei, dass er fähig war, es in seinen Schülern wahrzunehmen. Ich werde ein Beispiel geben. Anfangs gab es hier keine Druckerpresse, und Swami Sivananda hatte darum einigen Verlegern das Recht erteilt, seine Bücher herauszugeben. Als wir eine Druckerpresse anschafften, mit der wir sie drucken und herausgeben konnten, wurden einige dieser Lizenzen zurückgezogen. Ein Fall wurde diskutiert, und ein älterer Schüler schlug vor, „Wäre es nicht besser, das Buch beim Herausgeber zu lassen, Swamiji? Er hat hart gearbeitet und natürlich auch Geld damit verdient, aber er hat ja auch eine Menge mit dem Drucken, Herausgeben und Vertrieb zu tun gehabt." Swamiji war ein paar Minuten still, dann plötzlich wendete er sich ihm zu: „Wann immer du in diese Stadt gehst, wohnst du bei ihm, nicht wahr? Der Verstand ist voreingenommen." Es ist nicht so, dass er auf der Seite des Herausgebers war, aber weil der Verstand verfärbt war, erschien *das* das richtige zu sein. Das zu sehen, verlangt großes Verständnis.

Der ganze Verstand ist verfärbt, vorurteilsvoll. Womit wird man also diese Vorurteile sehen? Nur ein Mensch mit unheimlichem Verständnis kann das wirklich. Man kann gesagt bekommen, dass die eigenen Handlungen, Gedanken,

Worte und Taten voll von Vorurteilen sind, doch man ist wahrscheinlich nicht fähig, diese Tatsache selbst zu sehen, weil der ganze Verstand verfärbt ist. Wir wissen nicht, ob die Verhaftung entstand und die Vergnügen dadurch kamen, oder ob das Vergnügen zuerst da war und die Verhaftung später kam, doch das Bestehen dieser Verfärbung—der Zuneigung, der Verhaftung—kennzeichnet das Spiel des Selbst. Solange das besteht, gibt es kein Karma Yoga.

Eine andere Auswirkung ist *Bhaya*. Bhaya ist psychologische Angst. Es ist nicht die Angst, die man erfährt, wenn man auf der Strasse steht und mit einem Lastkraftwagen zusammenprallt. Das ist etwas anderes. Psychologische Angst ist völlig irrationale Angst, die sich nur auf dem Bild des Selbst und dem Spiel des Selbst begründet. Man will, dass etwas geschieht und hat Angst, es mag nicht geschehen; man will, dass etwas nicht geschieht und hat Angst, dass es doch geschehen wird. Man hat Angst davor, seinen Ruf zu verlieren und dass das Vergnügen enden mag. Man hat Angst vor hohem Alter und Tod. Wenn wir aber nicht alle jung sterben, ist das Alter unumgänglich. Selbst wenn man kein hohes Alter erreicht, kann man dem Tod nicht entkommen. Es macht keinen Sinn, vor dem Tod Angst zu haben, trotzdem existiert diese irrationale Angst in unseren Herzen. Warum ist das so? Das ist eine andere Handlung des Selbst. Wenn man dies aber beobachten kann und es zu seiner Quelle zurückverfolgen kann, dann ist das Ego-Selbst entlarvt.

Swamiji war gänzlich frei von psychologischer Angst. Möglicherweise habt ihr schon mal heilige Männer (meist wandernde Asketen) gesehen, die scheinbar furchtlos gehandelt haben. Swami Sivananda befand sich aber in einer seltsamen Situation. Er war Vorsitzender einer weltweiten Organisation und wurde von Millionen für einen *Jagat Guru*, eine Gottinkarnation, gehalten. Ruhm ist eines der gefährlichsten Hindernisse für den nicht Erwachten, denn er wird vom

Ego-Selbst gesucht, und er fördert das Ego-Selbst. Wenn also das Ego-Selbst noch da ist, gesund und munter, dann ist Ruhm eine Katastrophe. Er bindet und macht Angst. Man wird alles tun und lassen, um ihn zu schützen, aus Angst vor der öffentlichen Meinung. Swami Sivananda war gänzlich frei davon. Er tat nicht, was nicht richtig war, aber nicht aus Furcht vor der öffentlichen Meinung sondern weil es nicht richtig war. Wenn es nicht richtig war, konnte nichts in der Welt ihn dazu überreden, es zu tun. Was richtig war, tat er, und während er es tat, schenkte er dem überhaupt keine Beachtung, was die Leute sagten. Einmal sagte jemand: „Ich habe Angst, mich vor all diesen Leuten zu offenbaren." Er sagte: „Wenn Du vor etwas Angst hast, dann tu es sofort und werde die Angst somit los." Er war kein nackter Swami, er war immer dezent und geschmackvoll gekleidet, doch im Frühsommer oder Frühling saß er oft am Gangesufer, nur mit einem Langoti bekleidet, und ölte sich. Er hatte nichts dagegen — man konnte hinsehen, man konnte lachen, man konnte tun, was man wollte, das war die eigene Sache, nicht seine. Er glaubte auch an alle möglichen natürlichen Arten der Gesunderhaltung. Wenn die Sonne aufgestiegen war, setzte er seine Zähne und Zahnfleisch der Sonne aus und streckte seine Zunge mit dem völligen Selbstbewusstsein und ohne die geringste Unsicherheit heraus. Jeder von uns könnte das machen, weil wir unbedeutend sind. Aber denkt daran, das war Swami Sivananda — wenn er nieste, wusste das die ganze Stadt. Er machte alles, was er für richtig hielt, ohne sich um Kritik zu kümmern.

Bevor der Ashram errichtet wurde, war er bereits ziemlich berühmt geworden. In jenen Tagen hatte man von einem Swami seiner Statur (und einem Advaita Vedantin), der Kirtan sang und tanzte, noch nicht gehört. Ich glaube, die Leute haben sich über ihn lustig gemacht und dachten, er wäre eine Art Künstler, weil sie der anderen Schule angehörten. Sie gingen davon aus, dass ein heiliger Mann ganz ernst sein sollte und immerzu an Brahman denken sollte. Aber ist es nötig, die Welt abzulehnen, um Brahman zu finden? Diese Philosophie sagte Swami Sivananda nicht zu. Viel später traf ich mal einen jener alten, höheren Swamis, einen sehr großen Mann. Er sagte, „Weißt Du, als Swamiji in jenen Tagen in der Öffentlichkeit gesungen und getanzt hat, haben einige von uns ihn sogar kritisiert. Aber jetzt erkennen wir, dass er Recht hatte und wir nicht."

Nichts hat ihn wirklich abgelenkt von dem, was er tun wollte und was in der Situation richtig war. Er hatte überhaupt keine Angst vor Ansteckung. Ärzte wuschen sich ja sogar die Hände, wenn sie nur jemandes Wange berührt hatten, doch er hatte gar keine Angst vor so etwas. Ein Mann hatte den heftigsten Typ Pocken — er starb daran. Swamiji besuchte ihn, und hat danach nicht gebadet oder seine Kleidung gewechselt. Er hat sogar Leute besucht, die sehr schlimm an Cholera und Typhus erkrankt waren. Er konnte mit ihnen umgehen ohne jegliche Angst. Ich habe ihn auch niemals über diese Dinge philosophieren hören. Man konnte sehen, was er tat, und manchmal war es so dramatisch, so gewaltig, dass man es nicht ertragen konnte zu fragen, warum er es tat.

Was ist die Philosophie dahinter? Die Philosophie wurde von den Schülern erfunden. Er war daran nicht interessiert. Ich betone das so wegen eines Gefühls tief innen in meinem Herzen, dass man, wenn man versucht ist zu philosophieren, entweder Angst hat in einer ganz feinen Form oder den Wunsch nach Respekt und Bewunderung. All das ist das Spiel des Ego-Selbst. Wenn es natürliches Verhalten ist, philosophiert man nicht. Im Falle eines selbstlosen Mannes ist diese Angst natürlicherweise abwesend. Er tut nicht so, als wäre sie abwesend, noch tut er sich hervor damit, dass sie abwesend ist. Das ist wieder das Ego, das ist nicht Selbstlosigkeit.

Auf dieselbe Weise hatte er keine Angst, seinen Ruf zu verlieren. Ich habe niemals einen Mann seiner Statur die Dinge tun sehen, die er tat. Er versah Menschen mit Nahrung, Kleidung, Unterkunft und kümmerte sich um die, die ihn kritisierten. Wenn man ein *Sadhak* (spirituell Suchender) mit einigen spirituellen Bestrebungen war, der es wert war, erhalten und gefördert zu werden, oder wenn man Talente und Fertigkeiten hatte, die der Öffentlichkeit irgendwie zunutze kommen konnten, erlaubte er einem zu bleiben, selbst wenn man ihn direkt oder hinter seinem Rücken kritisierte. Und komischerweise konnte er einen sogar verherrlichen, wissend, dass man ihn kritisierte. Und wieder ziehe ich all diese Schlussfolgerungen. Er hat darüber nie geredet.

Er hat sich nie um die öffentliche Meinung gekümmert. Die öffentliche Meinung kümmert sich um sich selbst. Eine sehr interessante Geschichte habe ich von einem sehr hohen Swami, Swami Paramananda, gehört. Es scheint, dass jemand während einer *Kumbha Mela* in Haridwar in den 1930iger Jahren ein Gerücht verbreitet hat, dass Swami Sivananda heiraten wollte. Die Neuigkeit kam mit einem von Swamiji's eigenen Schülern, der rasend war, in den Ashram. Als er sie Swamiji überbrachte, sagte Swamiji: „Gut, errichtet einen Podest für ihn! Lasst ihn all dies vom Podest aus sagen. Die Leute, die das hören, werden hierher kommen, um die Heirat zu sehen, oder um herauszufinden, ob es richtig oder falsch ist, und ich werde ihnen 'Zwanzig Instruktionen' geben und sie die Namen Gottes singen lassen." Er war total und vollständig ohne Angst.

Es gibt noch einen Fall. Eine junge Frau kam hierher. Sie wollte ihren Namen nicht sagen und auch nicht, wo sie her kam. Sie sagte nur „Ich bin nicht verheiratet, und ich bin schwanger. Ich bin nach Rishikesh gekommen, um Selbstmord zu begehen, aber ich habe die Kraft nicht." Swami Sivananda hat ihr nicht eine Frage gestellt, und es gab nicht eine einzige Frage zur öffentlichen Meinung. Er besorgte sofort zwei oder drei *Saris* (indischer Umhang), weil sie nur mit dem einen Sari kam, den sie anhatte. Jemand machte ein Zimmer für sie frei. Um alles wurde sich gekümmert innerhalb einer halben Stunde. Sie lebte hier ein paar Monate, dann schickte Swamiji sie in eine andere Stadt, um ihr Kind zu bekommen. Einer seiner eigenen Schüler kümmerte sich dabei um sie. Als das Kind geboren war, schrieb er einem Ehepaar, die ein Kind adoptieren wollten. Diese Frau kam mit dem Kind, gab es dem Ehepaar, und alle gingen auseinander.

Wenn es das Richtige war, handelte Swami Sivananda furchtlos. Aber man muss sich ins Gedächtnis rufen, dass es sehr verschieden wäre mit einer arroganten Einstellung. Es war nicht aufgrund von Arroganz oder, weil er sich nicht darum kümmerte, was die Leute dachten, sondern „Dies ist richtig, es muss vollständig angstfrei getan werden."

Die spirituelle Qualität von Furchtlosigkeit oder Abhayam ist sehr verschieden von Arroganz, Hochmut oder Aufsässigkeit, die rajasig sind und vollständig unspirituell. Abhyam entsteht aus einem Verständnis der grundlegenden Einheit der Existenz, d.h. „Ich habe keine Angst vor dir, nicht weil ich weiß, dass ich dir überlegen oder stärker als du bin, sondern weil ich weiß, dass wir eins sind." Nur wenn der Yogi diese Einheit verstanden hat, dass es Furchtlosigkeit gibt, die weder Aufsässigkeit noch Arroganz ist, sondern eine natürliche Folge dieses Verständnisses. Das sahen wir in Swamiji. Er war natürlich und echt demütig und immer eifrig, zuvorkommend zu sein. Darum entstand keine Aufsässigkeit.

Eine der grundlegenden Qualitäten und Tugenden in einem Karma Yogi ist, dass er immer bereit ist, sich anzupassen, sich einzustellen und zuvorkommend zu sein. Wenn man nicht fähig dazu ist, kann man kein Karma Yoga praktizieren, nicht der Menschheit dienen, nicht Gott dienen. ‚Passe dich an, stelle dich ein und sei zuvorkommend' ist kein Evangelium der Schwäche, des Beugens, weil man nicht aufstehen kann, sondern ein Zeichen der Weisheit. Diese Furchtlosigkeit ist also sehr verschieden von der Furchtlosigkeit, die jeder sich vorstellen kann. Ein furchtloser Mensch (unserer Meinung nach) ist ein aufsässiger Mensch, der der öffentlichen Meinung trotzen kann, jedoch war Swamijis Furchtlosigkeit aus einem spontanen Verständnis zu wissen, was richtig ist, geboren. Wenn er darum etwas tat, tat er es nicht aus Aufsässigkeit der öffentlichen Meinung gegenüber, sondern der öffentlichen Meinung gegenüber furchtlos. Er fand weder Argumente für seine Überzeugung noch antwortete er auf Herausforderungen noch versuchte er, seine Gegner zu überzeugen. Wenn man einer seiner Schüler war und meinte, dass man wusste, wie eine Sache richtig gemacht werden sollte, und er nicht, sagte er manchmal: „Gut, mache es auf deine Art“. Und später mochte man dann herausfinden, dass man Unrecht hatte und er recht! War es ein Fremder, der versuchte, mit ihm zu diskutieren, ging er überhaupt nicht auf eine Diskussion ein. Er hörte sich alles an, was die andere Person zu sagen hatte, gründlich und geduldig — um ihm dann eine Tasse Tee, etwas Obst und ein paar Bücher anzubieten. Was war aber mit der Diskussion geschehen? Er fuhr einfach fort mit dem, was er für gut erachtete, und zwar mit einer Furchtlosigkeit, die sich auf das Verständnis der Einheit begründete. Vielleicht meinte er, dass wir eines Tages auch verstehen würden, weil wir eins sind.

Krodha oder Wut wird sogar in der Bhagavad Gita als Synonym für Hass oder Abneigung gebraucht. Wir assoziieren Hass mit einer Art von aggressivem Verhalten, doch aggressives Verhalten ist nur ein Aspekt von Hass. Die grundlegende Ursache von Hass ist Verurteilung. Man beurteilt die andere Person als falsch, niederträchtig, albern, dumm oder unverbesserlich, und dann hasst man. Man fängt an, Schönfärberei zu betreiben, indem man sagt: „Ich hasse ihn nicht, ich hasse sein Verhalten“, als wäre man fähig, solch ein feines Urteilsvermögen zu haben. Ist das Urteilsvermögen denn so fein, dass man die Sünde vom Sünder isolieren kann und diese abstrakte Eigenschaft von Sünde hassen kann, ohne den Sünder zu hassen? Wenn es für jemanden möglich sein sollte, ist das sehr gut, doch in der Praxis wird man finden, dass es sehr schwierig ist. Swamiji sagte: „Sünde ist ein Fehler, den ein spiritueller Neuling auf dem Pfad der Evolution begeht.“ Wenn diese Ansicht angenommen wird, gibt es keine Verurteilung mehr. Wenn beispielsweise ein Kind etwas Dummes tut, richtet man es nicht hin, sondern ermahnt es, wenn nötig, sehr liebevoll. Warum ist es dann so, dass man sich so sehr aufregt und streng anfängt zu urteilen, sobald es um eine andere Person geht, sie sogar verdammt und dann hasst?

Hass wird auch mit Angst assoziiert. Man hasst immer die Person, vor der man Angst hat, und man fürchtet denjenigen, den man hasst. Wenn also Angst abwesend ist, gibt es nicht mehr viel Platz für Hass, und wenn das Urteil abwesend ist, gibt es überhaupt keinen Platz für Hass. Noch einmal sehen wir darin die Wiedererkennung der Einheit. Dies war der grundlegende Faktor in Swamijis Leben und im Karma Yoga. Karma Yoga ist unmöglich ohne die direkte Realisation von Einheit. Selbstloses Dienen ist solange unmöglich wie das Selbst diese Streiche spielt und Verhaftung, Angst und Hass aufwirft. Solange diese drei Eigenschaften in uns sind, ist Selbstlosigkeit unmöglich. Man kann sich um diese Selbstlosigkeit bemühen, doch es wird keine Verwirklichung davon geben, weil es in dem Moment nicht *wirklich* ist. Zu dieser Zeit ist das Ego-Selbst wirklich! Wie wird also Selbstlosigkeit wirklich? Nur wenn erkannt wird, dass dieses Selbst unwirklich ist, entsteht Selbstlosigkeit ohne jegliche Schwierigkeit.

Es ist von Psychologen gesagt worden, dass wir mit diesen drei Eigenschaften geboren werden: Raga, Bhaya und Krodha — Liebe, Angst und Hass — was nur bedeutet, dass alle lebenden Wesen mit der Vorstellung eines Selbst diese drei Eigenschaften in sich haben; oder, dass diese drei Qualitäten zusammen das Ego-Selbst ausmachen. Wenn also diese drei weggenommen werden, ist das Selbst abwesend; oder wenn das Selbst weggenommen wird, sind diese drei abwesend. Das eine geht Hand in Hand mit dem anderen. Man kann auch sehen, dass (angenommen, dass diese Qualitäten bei der Geburt jedes Wesens mitgeboren werden) sie dicker und dicker werden mit den Jahren, weil das Selbst die ganze Zeit gebildet wird. Diese drei Qualitäten gewinnen auch mehr Kraft und Schwung, so dass ein Kind also weniger ängstlich als ein Erwachsener ist. Und das Kind hat spontane Verhaftung und spontane Wut, nicht lang anhaltende wie im Falle der Erwachsenen. Auch im Falle Swamijis könnte man sagen, dass es, wenn er überhaupt wütend wurde, sehr, sehr flüchtig und momentan war. Er war nie nachtragend. Das war charakteristisch für ihn. Es gibt Swamis, die die ganze Zeit lächeln mögen, aber sie sind nachtragend und zerstören einen. Swami Sivananda war anders. Er wurde sehr selten wütend, doch selbst wenn mal Wut da war, ging sie in einer Minute vorüber, und danach war man sein bester Freund. Man konnte auch sehen, dass er nicht gezwungen war, wütend zu werden, er wurde nicht wütend, obgleich er es nicht wollte, aber es war, als hätte er den Schalter in der Hand. Ich glaube, dass ich das in meinem ganzen Leben hier mit ihm, etwa siebzehn Jahre lang, nur zweimal gesehen habe. Und ich würde es nicht noch mal sehen wollen. Es war heftig. Nachdem er diese Wut etwa eine oder zwei Minuten gezeigt hatte, lächelte er, und alles war vergessen. Die Situation erforderte es, so schaltete er es vorsätzlich an, und als der Moment der Notwendigkeit vorüber war, schaltete er es wieder ab. Es war wundervoll anzusehen. Noch einmal also, es war keine Wut, so wie ihr und ich sie kennen, sondern situationsbedingte Ethik. Darum war er grundlegend frei von diesen drei Qualitäten.

Selbst ein Weiser hat das, was man Lesa-avidya, eine ganz schwache Avidya, nennt. Das aufgezeigte Beispiel ist der petromax Umhang. Wenn man ein Stück Baumwolltuch anzündet dann behält das verbrannte Baumwolltuch andeutungsweise die Form des Baumwolltuchs. Das Baumwolltuch ist verbrannt, dann bleibt noch die Form des Baumwolltuches da. Es gibt zwar keine Fäden mehr, aber die Asche bleibt in der Form des alten Tuchs. Aber in dem Moment, wo man das Tuch (die Asche) berührt, zerfällt es. Der Weise ist auch so. Er mag auch so aussehen als hätte er diese Eigenschaften — Raga, Bhaya und Krodha — doch das ist nur scheinbar. Seine Persönlichkeit ist im Feuer des Wissens verbrannt worden. Vorläufig, da er diesen Körper trägt und in der physischen Welt zu funktionieren scheint, entsteht die Erscheinung einer Persönlichkeit und darum auch die Erscheinung dieser drei Qualitäten.

SEI EIN INSTRUMENT

Es gibt eine sehr schöne, kleine Geschichte in der Bhagavatam. Krishna ging mit seinen Freunden, den Kuhhirten und deren Kühen, in den Wald. Auf ihrem Weg sahen sie einen Baum, der mit Früchten voll beladen war. Krishna führte seine Freunde zu dem Baum und sagte zu ihnen: „Freunde, seht. Wann werden wir jemals wie dieser Baum sein? Wenn der Baum mit Früchten beladen ist, beugt er sich, wogegen ein mit Früchten beladener Mensch arroganter wird. Wenn man ungebildet oder arm ist, ist man wahrscheinlich bescheiden, doch im selben Moment, in dem man ein paar Diplome hat oder wohlhabend wird, sieht man auf alle herab. Selbst wenn man glaubt, man hätte einige tugendhafte Qualitäten (Früchte), wird man plötzlich arrogant. Ein mit diesen Früchten beladener Baum wird bescheidener und bescheidener und sagt: ‚Los, nehmt doch bitte,' ohne jegliches Feilschen. Auf eine Weise sind es also nur die Bäume, die im absolut wahrsten Sinne Karma Yoga praktizieren!"

Einige Bhavanas oder Einstellungen werden im Karma Yoga für äußerst wichtig gehalten. Eine ist *Nimittabhavana*. Nimitta ist ein Werkzeug. Zum Beispiel ist der Stift in der Hand ein Werkzeug. Obwohl es eigentlich der Stift ist, der schreibt, ist er doch nicht der Schreiber sondern jemand anderes.

Nimittamatram bhava savyasachin (XI. 33)

„Ich bin der Handelnde aller Handlungen", sagt Krishna, „seid mein Werkzeug." Obgleich es die Perfektion in dieser Bhava ist, die Karma Yoga ausmacht, kann auch der Versuch, sie zu kultivieren, Karma Yoga in Praxis genannt werden. Swami Sivananda empfahl dies.

Sich selbst als ein Werkzeug in der Hand Gottes zu sehen, ist sehr gut als Ausgangspunkt, aber betrachte ab und an mal diesen Faktor. Entscheidet dieser Stift, was er als Werkzeug in der Hand dieses Mannes machen soll und was er nicht machen soll? Ist es möglich für einen, nicht zu merken, dass man ein Werkzeug in der Hand Gottes ist, aber es doch zu *sein*? Dies war eine außergewöhnliche Sache, die wir an Swamijis Leben bemerkten. In all diesen Jahren habe ich ihn nur bei zwei oder drei Gelegenheiten sagen hören: „Ich bin nur ein Werkzeug in den Händen Gottes." Und das war, wenn er verherrlicht wurde. Wenn man ein Werkzeug in den Händen Gottes ist, mag man nicht einmal das sagen. Der Stift sagt das nicht! Der Mensch, der sagt: „Ich bin ein Werkzeug in den Händen Gottes", mag das wirklich und wahrhaftig fühlen oder auch nicht, und es gibt hier die Gefahr, dass man sich hervortut und sich so zu einer egoistischen Person macht. Einer, der also erkannt hat, dass er ein Werkzeug in den Händen Gottes ist, wird zum wirklichen Werkzeug in den Händen Gottes, ohne überhaupt die Notwendigkeit zu verspüren, es sagen oder denken zu müssen.

Man wusste, dass Swamiji in diesem Bewusstsein lebte, wenn man beobachtete, was er tat und wie er es tat. In all seinen Handlungen war Motivation vollständig abwesend. Man weiß, dass man im Bewusstsein eines Werkzeuges lebt, wenn es nicht die geringste egoistische Motivation in den eigenen Handlungen gibt. Jener Stift wird die Worte ‚g-u-t' , s-c-h-l-e-c-h-t' und ‚b-ö-s-e' mit derselben Leichtigkeit schreiben, ohne einen zu fragen. Er wird von links nach rechts oder von rechts nach links schreiben ohne jegliche Motivation, ohne an die Vergangenheit oder an die Zukunft zu denken. Ähnlicherweise tut der Karma Yogi völlig spontan das, was dem Höchsten Wesen zufolge zu tun ist. Dies sahen wir in Swamiji die ganze Zeit. Was auch immer er tat, tat er mit einer solchen Spontaneität und Reinheit, ohne jede Berechnung oder

Motivation, dass man wohl sehen konnte, dass er es nicht tat, weil er etwas bauen oder zerstören wollte. Wenn der Ashram gelegentlich ökonomischem Bankrott gegenüber stand, sagte er, „Aha, da ist kein Geld mehr. Na gut, wir gehen nach Rishikesh und erbetteln unser Essen." Und das sagte er so einfach, ohne jede Enttäuschung. Jeder andere hätte gute Miene zum bösen Spiel gemacht, doch er war froh und glücklich. Das passierte, als er über sechzig war. Er sagte: „Ich bin wohl nicht fähig, nach Rishikesh zu laufen, um um Essen zu betteln, mietet also eine *Tonga* für mich." Wenn wir Geld für die Miete einer Tonga gehabt hätten, könnten wir ihm sein Essen genauso gut hier gegeben haben. Das Essen, was er aß, war so billig, dass es durch die Miete einer Tonga allemal abgedeckt wäre. Trotzdem sagte er, er würde mit uns zur *Kshetra* gehen und um Essen betteln, aber nur in einer Tonga. Das war die höchste Geisteshaltung. Wenn man das beobachtete, sah man, was es bedeutet, ein Werkzeug in den Händen Gottes zu sein.

Ein anderes Bhava ist Narayana oder Atma-bhava, was bedeutet, in allem Gott zu sehen, in allem Gott zu dienen. Bitte merkt euch, dass es nicht heißt „Ich diene Gott in allem", nur „Gott in allem dienen". Das „ich" ist bereits zum Werkzeug transformiert worden. Während das Dienen weitergeht, ist es an dasselbe allgegenwärtige Wesen, denselben allgegenwärtigen Gott gerichtet. Es steht in der Bhagavad-Gita im 18. Kapitel.

> *Yatah pravrittir-bhutanam yena sarvamidam tatam*
> *svakarmana tam-abhyarchya siddhim vindati manavah*
> (XVIII.46)

„Der Mensch erreicht Perfektion dadurch, dass er jede seiner Handlungen als eine zu den Füßen des allgegenwärtigen Gottes dargebrachten Blume betrachtet." Jeder, der zu einem kommt, bietet einem eine Möglichkeit, Gott in ihm und durch ihn zu dienen. Es ist, als käme Gott selbst in dieser Form zu einem, um einem eine Möglichkeit zu geben, ihn zu verehren. Wir haben das bereits eine Million Mal gehört, doch es muss gesehen werden. Ich habe andere erzählen gehört, die mit ihm im Swargashram und in Malaysia gewesen sind. Sein Gesicht bot fast einen übersinnlichen Anblick, wenn er jemandem diente, z.B. die Füße massierte, weil sie wehtaten und jemandem einen anderen kleinen Dienst erwies. Wenn er einem etwas geben konnte, erstrahlte sein Gesicht. Er war entzückt, Dankbarkeit war in seinem Gesicht und in seinen Augen. Die Erscheinung seines Gesichts war etwas Außergewöhnliches. Es hatte diesen Blick von „Ich diene Gott." Er mag es gesagt haben oder nicht, aber sein Gesicht verstrahlte diese Botschaft. Gott in allem zu dienen, ist die höchste Form der Verehrung.

Diese zwei Bhavas sind grundlegend für Karma Yoga. Obwohl es möglich ist, an sie zu denken, sie zu betrachten, über sie zu meditieren, denke ich doch, dass man mit jemandem leben muss, der in einem solchen Sinne lebt, um fähig zu sein, diese Einstellung in sich aufzusaugen.

BHAKTI YOGA

Offensichtlich muss sich die *Praxis* des Karma Yoga (im Gegensatz zum eigentlichen Karma Yoga) entweder an Bhakti oder Jnana anlehnen oder hängt davon ab. Karma Yoga im reinsten Sinne ist Selbstverwirklichung, was das Ziel jeden Yogas darstellt. Aber tatsächlich ist unser tägliches Karma Yoga im Alltagsleben kein perfektes Karma Yoga sondern nur ein Versuch dahingehend. Während gewöhnlicher Weise geglaubt wird, dass Karma Yoga unabhängig oder sogar als vorbereitend für Bhakti oder Raja Yoga praktiziert werden kann, hat Swami Sivananda darauf aufmerksam gemacht, dass selbst das Praktizieren von Karma Yoga einen gewissen Einblick in Bhakti oder Jnana erfordert.

Die orthodoxe Sichtweise war, dass wir alle an einem dreifachen Problem leiden — *Mala, Vikshepa* und *Avarana*. Mala ist Unreinheit — des Herzens, des Verstandes, der Gewohnheiten, Tendenzen und Samskaras. Wenn diese Unreinheit nicht vollständig beseitigt wird ist spirituelle Entwicklung unmöglich. Wenn die Unreinheit durch Karma Yoga einmal beseitigt worden ist, dann kann man Vikshepa (die Ruhelosigkeit des Geistes) in Angriff nehmen. Dafür wurden Bhakti Yoga und Raja Yoga verschrieben. Wenn die Unreinheiten weg waren, wenn das Herz und der Verstand rein und stabil waren, konnte man sich mit Jnana beschäftigen, um den Schleier der Unwissenheit (*Avarana*) zu entfernen. In diesem Zusammenhang bedeutete Karma Yoga lediglich, dass man schriftlich festgelegte Routinefunktionen (Ich mag sie nicht einmal Pflichten nennen) ausführte. Der ganze Tag war vollgepackt mit Ritualen von 4 Uhr morgens bis 10 Uhr abends. Wenn das ohne egoistische Motivation selbst ohne die Motivation, in den Himmel zu kommen — getan wird, reinigt es das Herz.

Der andere Typ von Karma Yoga, über das wir gesprochen haben, (das der Bhagavad Gita) muss notwendigerweise Bhakti und Jnana als Basis haben. Am Anfang des spirituellen Weges ist es bei jeder unserer Handlungen — selbst meditieren, Mantrawiederholung oder etwas *Seva* (selbstloser Dienst) am Nächsten oder am Guru — extrem schwierig, nicht an eine Motivation zu denken. Der Verstand beginnt zu fragen: „Warum tue ich das?“ Selbst wenn man eine Antwort verweigert, wird der Verstand eine Antwort anbieten. Er mag sogar sagen: „Ich mache Karma Yoga“, was indirekt bedeutet, dass man Erleuchtung erreichen will. Selbst wenn man jemandes Sachen nur einen Tag im Geiste des Karma Yoga wäscht, sagt man zu sich selbst „Ich werde das ganze Elend des *Samsara* (Kreislauf von Leben) los und erreiche ewige Glückseligkeit.“ Aber auch das ist eine Motivation und darum ist es kein Karma Yoga. Daher muss Bhakti oder Jnana eingebracht werden. Bhakti ist einfacher.

Swami Sivananda hatte die besondere Fähigkeit auch scheinbar Widersprüchliches zu vereinen. Er war bereit, dazuzugeben aber nicht irgendetwas wegzulassen. Ich kann eine sehr lustige Seite dieser Geschichte aufzeigen, die sich auf seine täglichen Gewohnheiten bezieht. Normalerweise hat der Mensch zweiunddreißig Zähne, aber ich denke, dass er einige mehr hatte als zweiunddreißig. Er hatte Hexenschuss, Diabetes und Rheuma, und alle Spezialisten, die kamen, um ihn sich anzusehen, schlossen darauf, dass diese Probleme mit in den Zähnen gesammelten Toxinen zusammenhingen, und sagten, dass sie sie gern reinigen würden. Swamiji weigerte sich. Er bestand darauf, dass nichts entfernt wurde, aber er war einverstanden damit, Wasserstoffperoxyd zu seiner täglichen ‚Zahnpflege‘ hinzuzufügen. Dann kam ein Naturheilspezialist vorbei. Er stellte dieselbe Diagnose, aber sagte, dass Swami Sivananda Salz und Senföl benutzen sollte. Also wurden Salz und Senföl dazugegeben. Dann sagte jemand anders, er sollte geriebene Holzkohle benutzen. Das wurde auch dazugegeben. Und dann schlug jemand das Zahnpulver vor, das wir jetzt hier produzieren. Er nahm es nicht nur als sein Zahnpulver an, sondern ließ es auch produzieren und an alle verteilen. „Was gut für mich ist, ist gut für alle." Dann dauerte diese einfache Sache, seine Zähne zu putzen, zehn bis fünfzehn Minuten am Morgen, und es war ein großes Ritual, erst dies und dann das und noch eins und ein drittes. Ebenso begann der Kirtan, mit dem wir den Satsang anfangen, zu wachsen. Erst war es Ganesha, Jaya Guru Adi Guru und Hare Rama. Dann sagte jemand, dass Saraswatis Gunst für uns benötigt wurde. Das wurde dazugefügt. Auf ähnliche Weise Subrahmanya, Anjaneya, usw. Auf dieselbe Weise wurde das Arati abends ausgedehnt. Es war erlaubt, soviel wie man wollte, dazuzufügen, aber Abzüge waren nicht erlaubt. Nichts sollte vernachlässigt werden. Alle Vorschläge für zusätzliche Ergänzungen wurden angenommen, alles sollte in dieses mächtige, große Yoga, Sivananda Yoga genannt, mit eingeschlossen werden. Gab es einen Widerspruch, musste der Gott, der in jenem Gebet angerufen wurde, fähig sein, diesen Widerspruch zu lösen!

Selbst zum Fall des Bhakti Yoga und Karma Yoga hatte er eine recht interessante Einstellung. Wenn ihm etwas gutes passierte (was manche für Zufall oder Glück halten würden), sagte er: „Oh, es ist die Gnade Gottes." Und wenn er ein Wunder vollbrachte, und man kam und sagte: „Swamiji, du hast mich gestern berührt, und meine Kopfschmerzen sind verschwunden", sagte er nur: „Oh, das ist alles die Gnade Gottes." Das ist die Einstellung des Bhakti. Wenn seine Beine ihn belasteten oder ihm nicht soviel Gutes widerfuhr, sagte er „All diese Dinge existieren nicht." Unglück, Schmerz und Leiden existieren nicht. Da kam der Jnana Ansatz dazu. Er war also eine außergewöhnliche und wunderschöne Kombination all dieser yogischen Einstellungen.

Im Bhakti Yoga verband er all diese verschiedenen Aspekte sofort. In der orthodoxen Bhaktiliteratur gibt es zwei große Unterteilungen: *Gauna* (was auch Vaidhi Bhakti genannt wird) und *Mukhya*. Vaidhi (oder Gauna) Bhakti impliziert, dass man sich an Regeln und Vorschriften hält. Man muss eine *Puja* (Verehrungsritual) auf besondere Weise ausführen, man muss ein Mantra nach bestimmten Regeln und Vorschriften wiederholen, man muss vorher baden usw. Er hielt sich daran, soweit es ging. Zum Beispiel feierte er einige Festivals und war dabei äußerst orthodox. Wenn man ihn bei solchen Angelegenheiten beobachtete, glaubte man, dass er ein extrem orthodoxer *Brahmane* (Priester) wäre. Die Art, wie er sich badete, sich anzog, den *Tilak* (drittes Auge Markierung) auf seine Stirn tat, machte den Eindruck, dass er es sehr genau nahm mit diesen Regeln und Vorschriften. An *Shivaratri* (indischer Feiertag) aß er überhaupt nichts und blieb die ganze Nacht auf, ebenso war es mit *Vaikuntha Ekadasi* (besonderer indischer Tag). An *Ramanavami (indischer Feiertag)* fastete er bis mittags, und an *Janmashtami* (indischer Feiertag) bis Mitternacht. Er war sehr streng damit, sich an die Regeln zu halten. In seinem eigenen *Kutir* (Unterkunft) gab es einen kleinen Altar, und er aß nichts, bevor nicht am Altar geopfert wurde. Es gab ein kleines Bild von *Shiva* (oder manchmal von *Krishna*), und er opferte dort jeden Tag Blumen und schwenkte eine Lampe. Er hatte auf seine eigene Art eine kleine Puja entwickelt und war sehr regelmäßig damit. Solange er gehen konnte, ging er dreimal am Tag zum Tempel hinauf, direkt von seinem Kutir.

Die Botschaft scheint zu sein: Warum nicht, wo es möglich ist, Regeln befolgen? Es ist das Ego, das sagt „Ich will diese Regeln nicht." Man praktiziert Yoga, um sich *damit* zu beschäftigen. Wenn der Verstand vorschlägt, dass man die Puja im Tempel nicht braucht, ist das das Ego. Natürlich ist es auch möglich, den Tempelgeher-Egoismus zu entwickeln und zu sagen „Ich habe niemals die Puja auch nur einen Tag vernachlässigt", oder „Ich habe jeden Morgen drei Stunden lang meditiert." Das Ego macht immer irgendetwas — zum Tempel gehen, sitzen und meditieren, ein paar Asanas, Japa, Pranayama. Man wird egoistisch damit. Wenn man Sadhana vernachlässigt, um das Sadhana-Ego zu umgehen, bleibt nichts außer dem Egoismus zurück. Egoismus plus Sadhana ist besser als Egoismus minus Sadhana.

Verbunden mit dieser *Murthi-puja* (Statuenverehrung) bemerken wir etwas sehr Seltsames in seinem Falle. Für ihn waren die *Murthis* (Statuen) nicht bloße Statuen, sondern Lebewesen. Es ist die Bemühung eines Yogis, Gott in allem zu sehen. Wenn man Gott in allem sehen will und sich weigert, Gott in dieser Murthi zu sehen, ist das Arroganz, Ego. Wenn man also die richtige Einstellung zu all diesem annimmt, stößt man immer und immer wieder auf sein eigenes Ego. Es ist eine wunderschöne Übung, wenn man ihren Wert erkennt und nicht vergisst, dass man Yoga praktiziert, um sich mit dem Ego zu beschäftigen. Wenn es die aufrichtige Absicht ist, sein Ego zu finden, zu zermalmen, es zu beseitigen oder sich auf sonst eine Weise damit zu beschäftigen, dann sind all diese Dinge von großer Hilfe, weil sie einen darauf aufmerksam machen. Was in einem rebelliert, ist das Ego.

Um die Allgegenwart Gottes zu erkennen, sieh Gott zuerst in der Murthi. Es ist keine Statue, sondern die Allgegenwart, und da Millionen von Menschen die Hingabe ihrer Herzen auf diese Form gerichtet haben, besitzt es eine *Shakti*, eine eigene Kraft. Mit dieser sollte man sich verbinden. Swami Sivananda hat sehr schön geschrieben, dass eine Murthi, wenn man sie verehrt, ein Idol bleibt. Die Hingabe aber geht zu Gott. Er mochte auch *Manasische* (mentale) Puja sehr gern. Er saß am Gangesufer und zelebrierte eine manasische Puja für den Ganges und den Himalaja, da sie im Vibhuti Yoga Kapitel der Bhagavad Gita ausdrücklich als besondere Erscheinungsformen Gottes erwähnt werden. Man soll die Themse und die Alpen lieben, wenn man in Europa ist, aber, wenn man kann, soll man den Himalaja als eine göttliche Erscheinungsform ansehen. Wenn der Geist dazu erzogen ist, Gott in diesen zu sehen, lernt er, wie er sich mit Gott verbinden kann. In diesem Prozess räumt entweder das Ego das Feld (was ein Segen ist), oder man bekommt eine Gelegenheit, sich mit ihm zu beschäftigen, wenn es auftaucht. Wenn man fähig ist, den Ganges oder den Himalaya anzusehen und zu sagen: „Gruß Euch, Erscheinungsformen Gottes!“, ist man sicher, doch wenn man denkt, dass es nur ein Berg, nur Wasser ist, ist das das Ego. Finde es, entferne es. Also sind sowohl *Bahya Puja* (äußerliche Verehrung eines Gottessymbols) als auch Manasische Puja wichtig. Nicht das eine oder das andere, sondern beide. Wenn man äußere Verehrung aufgibt und denkt, dass man ein Experte in Manasischer Puja ist, dann verschwindet mit dem äußeren auch das innere Ritual und alles geht verloren. Wenn man aber *Bahya Puja* zur Gewohnheit macht wird man wahrscheinlich damit auch fortfahren, ob nun im rechten Geist oder nicht. Der rechte Geist kann irgendwie zu der einen oder anderen Zeit dazugefügt werden.

Dann kommt das, was man unter dem Namen *Para Puja* (höchstes Verehrungsideal) kennt und was fast dasselbe ist wie Mukhya Bhakti. In der Para Puja wird alles als Erscheinungsform von Gott gesehen, und das eigene Leben sieht man als fortlaufende Verehrung. Es gibt einige Hymnen, die dies beschreiben. Eine ist:

> *Atma tvam girija matih sahacharah pranah sariram griham*
> *Puja te vishayopabhoga-rachana nidra samadhisthitih*
> *Sancharah padayoh pradakshinvidhih stotrani sarva giro*

Yadyat karma karomi tat tadakhilam sambho tavaradhanam

„Dieser Körper ist *Dein* Tempel (nicht ‚mein' Körper), und alle Freuden, durch die er täglich geht, ist Deine Verehrung. Der Schlaf selbst ist Samadhi. Du bist der Eine, der Wirklichkeit in diesem Tempel ist. Wenn die Beine gehen, gehen sie um Deinen Tempel, und was auch immer der Mund äußert ist alles Lobpreisung Deiner. So, oh Herr, ist alles, was ich tue, auf diese Weise Verehrung Deiner." Das ist Para Puja. Dafür muss man ausgebildet und geübt sein in Statuenverehrung und geistiger Puja, um dieses innere Gefühl zu bekommen.

Wenn es eine Sache gab, die Swami Sivananda ein Gräuel war, so war es bloßes, unglaubwürdiges Gerede. Er war viel zu praktisch, um sich mit bloßer Theorie zufrieden gegeben. Selbst für die Para Puja entwickelte er seine eigene Methode, um sicherzugehen, dass es korrekt getan wurde, nicht bloß sich vorzustellen, dass sich jemand in diesem Zustand befindet. Er liebte das Vibhuti Yoga Kapitel sehr und empfahl es allen. Sobald er bereit war, aus seinem Zimmer zu kommen, war das erste, was er sah, der Himalaya. Er stand vielleicht fünf Sekunden da und warf sich mental und physisch vor dem Himalaya nieder und dem Ganges. Wenn er später, wenn die Sonne schon aufgegangen war, wieder herauskam, gab es mentale Grüße an die Sonne. Er sah all diese als Erscheinungsformen Gottes. Dann verbrachte er einige Minuten in meinem Zimmer, welches neben seinem lag. Er sagte: „Haro hara, tat-tvam-asi, om santih, banami khuda mubarak, namah sivaya, namo narayanaya, namo bhagavate vasudevaya, namo bhagavate... (den Namen des bestimmten Schülers anwendend), namo bhagavati ganga rani, hari om tat sat." Er hatte nichts zu gewinnen und nichts zu verlieren, ob er dies tat oder nicht tat. Wenn er sich auf diesen großen Stock stützte und jeden von uns der Reihe nach ansprach mit „Namo Bhagavate Soundso" und seine Grüße vorbrachte, konnte man sehen, dass es *das* war, was er sah. Dies waren keine leeren Worte. Es ist eine außergewöhnlich schöne Form der Puja, Japa und beständigen Gedenkens des Göttlichen. Er mochte das unheimlich gern.

Wir sahen eine andere schöne Sache, wenn er zum Arbeiten ins Büro kam. Genau vor ihm an der Wand hingen ein paar Bilder, und wenn er sich auf seinen Stuhl setzte, drehte er sich herum und schaute jedes von ihnen zehn Minuten lang an. Durch all dieses wurde der Verstand wieder mit dem Göttlichen verbunden. Es besteht die Möglichkeit, dass diese Verbindung im Laufe der täglichen Handlungen verloren geht, wie weit entwickelt wir auch sein mögen. Man mag Bhakti praktizieren, doch es ist möglich, dass diese Verbindung in der Hitze der täglichen Handlungen weniger wird. Er erlaubte nicht, dass das geschah. Wenn eines der Bilder fehlte, fragte er danach. Keinem würde es einfallen, sie überhaupt zu bemerken! Er tat es jeden Tag. Dies war ein Muss.

Dann kam die Erweiterung dessen. Manchmal schälte er eine Apfelsine und warf sie zu den Fischgöttern in den Ganges, und wenn da ein Affe saß, bekam er auch seinen Teil. Damals war Obst knapp, und wir konnten es uns nicht leisten, aber er empfand, wenn er Obst haben konnte, konnte der Affe auch welches bekommen. Selbst in seinem Brillenetui, seinen Schuhen, egal was er benutzte, sah er die göttliche Präsenz. Es ist eine Erweiterung desselben Verstandes. Es fing an mit dem Krishna im Tempel und reichte bis hinunter zu den Schuhen und dem Brillenetui—die göttliche Präsenz ist da. Er machte das Brillenetui sehr behutsam zu. Ich habe nie jemanden gesehen, der Füllfederhalter und Brillen so behutsam und feinfühlig handhabte wie er es zu tat. Er hat in seinem ganzen Leben nicht ein einziges kleines Ding zerbrochen. Wenn er sie handhabte, war er so zärtlich, so sanft, dass man denken mochte, es wäre ein neugeborenes Baby. Selbst wenn er seinen Schal nahm und ihn sich um den Hals legte, wurde das so schön, so feinfühlig, so künstlerisch getan, als würde er das Gute in dem Schal verletzen, wenn er nicht so behutsam war. Wenn er zum Tempel kam und die *Baelblätter* (Pflanzenteile) auf dem Shivalingam (Symbol Shivas) opferte, platzierte er sie so hingebungsvoll, so behutsam zu Füssen des Shivalingams. Einmal während des Sivaratri kam er zur Puja, nahm ein paar Blätter und schloss sich dem *Archana* (Verehrungsritual, Darbringen von Gaben) an. Einige fielen auf den Lingam, und dann bemerkte ich, dass sie aufgehört hatten zu fallen. Ich schaute auf, um zu sehen, ob er mehr von den Blättern benötigte, und sah, dass er sie den Leuten rundherum im Tempel, diese auch verehrend, anbot. „Gott ist nicht nur *dort* im Murthi, sondern in dir." Niemand bemerkte es, und wenn ich nicht die Neugier besessen hätte zu sehen, ob er Blumen hatte oder nicht, hätte ich es auch nicht bemerkt.

Also nur wenn absolutes Bhakti Yoga unser Üben des Karma Yoga begleitet, ist Karma Yoga selbst wirksam, sonst wird es zur Heuchelei, sozialem Dienst — Dienst um des Namens, des Ruhmes und all der anderen Sachen wegen. Dienst selbst ist gut, aber es ist nicht Yoga, nichts, was einen zu *Moksha* (Befreiung) führt. Dieses Bhakti muss das Praktizieren des Karma Yoga von Tag zu Tag, von Augenblick zu Augenblick begleiten.

SWAMI SIVANANDAS YOGA

Swami Sivanandas Einstellung zum Praktizieren von Karma Yoga und Bhakti Yoga, oder auch Yoga allgemein war, dass keines derselben wirklich von den anderen isoliert werden kann, dass man unmöglich ein Spezialist werden kann. Er machte sich sogar über die medizinischen Spezialisten lustig, indem er sagte, dass man vor etwa einhundert Jahren einen Hausarzt hatte, dass jetzt aber es für jeden Patienten ein ganzes Haus voller Ärzte gäbe. Von dieser Sichtweise her (die absolut korrekt erscheint) ist Yoga untrennbar. Man kann Karma Yoga, Bhakti Yoga und Hatha Yoga nicht isoliert voneinander betreiben. Asanas, die isoliert betrieben werden, sind Gymnastik. Im Hatha-, Bhakti- und Karma Yoga sind Jnana und Meditation eingeschlossen. Die Wahrheit also, die er uns enthüllte, war, dass jeder der verschiedenen Zweige des Yoga (wenn man sie so nennen will) die anderen mit einschließt. Karma Yoga schließt Bhakti ein, und ohne Bhakti gibt es kein Karma Yoga. Mit Bhakti und mit der richtigen Einstellung kann man jegliche Arbeit zum Karma Yoga umwandeln. Ohne Bhakti wird selbst die nobelste Arbeit, die man tut, zum sozialen Dienst. Es ist nicht so, dass wir soziale Dienste missbilligen oder darauf herabsehen, aber es ist nicht Karma Yoga. Swami Sivananda belehrte einen Schüler: „Wenn du jemandem die Füße massierst, fühle, dass du die Füße Gottes massierst. *Sarvatah panipadam* — alle Hände und Füße gehören zu Gott.“ Wenn dieser Geist da ist, ist es Karma Yoga, doch wenn er nicht da ist, gibt es kein Karma Yoga.

Im Karma Yoga sollte man frei sein von *Raga* (Mögen) und *Dvesha* (Nicht-Mögen), und weil Karma Yoga notwendigerweise ein Eintreten in Beziehungen mit sich bringt, kann es nicht in der Abgeschiedenheit praktizieren. Man muss sich in Gesellschaft befinden, von Menschen umgeben sein — und man muss ihnen dienen. Buddha hat etwas sehr interessantes gesagt: „Niemand ist von der ganzen Welt gelobt worden, und niemand ist von jedermann verdammt worden.“ Es gibt sogar für die Inkarnationen Gottes Kritiker. Rama, Krishna, Jesus und Buddha sind alle kritisiert worden. Wenn nicht einmal sie es allen Recht machen und das Einverständnis aller erreichen konnten, was hat man persönlich dann erst für Chancen? Es ist wohl möglich, dass einige Leute, wenn man Glück hat, einen zu schätzen wissen, doch der Rest wird Fehler an einem finden und kritisieren. Ist es nun für jemanden möglich, dies zu akzeptieren oder es zu ignorieren? Hier verwendete Swami Sivananda ein wunderschönes doppeltes Prinzip. „Ich diene Gott in dir. Om Namo Narayanaya. Doch wenn du mich beleidigst, ist das nichts als Luft, es ist nicht Gott, der mich beleidigt. Wenn ich dir also diene, gibt es Bhakti Yoga, wenn du mich beleidigst und ich danach strebe, nicht zu reagieren, schalte ich die Jnana Theorie von *Maya* – dass die ganze Welt eine Illusion ist – und deine beleidigenden Worte haben überhaupt keine Bedeutung.“

Swami Sivanandas Yoga war kein Witz. Es umfasste die Durchführung aller dieser Prinzipien gleichzeitig. Der Karma Yogi muss also mit den Prinzipien des „passe dich an, stelle dich ein, sei gefällig, ertrage Beschimpfungen, ertrage Verletzungen, das ist die höchste Sadhana“ arbeiten. Dies sollte nicht im Sinne eines Märtyrers getan werden wie z.B. „ich liebe es, beschimpft zu werden, ich liebe es, benutzt zu werden“, damit man danach zu seinen Freunden gehen und ihnen erzählen kann, wie man nicht reagierte, als er einen beschimpfte. Die Beschimpfung darf einen nicht einmal berühren, was bedeutet, dass man es nicht einmal als Beschimpfung erkennen sollte. Er hat etwas gesagt, das war nur wie Luft, die aus seinem Mund kam, und es sollte in einem gar keinen Eindruck hinterlassen. Dann wird kein Samskara gebildet, es entsteht kein Widerstand und darum keine Abneigung. Man kann weder *Ahimsa* (Nicht-Verletzen) oder Karma Yoga praktizieren noch lieben, wenn man verletzbar ist. Dies ist das Ideal. Es ist für uns möglich, eine Form des Sadhanas zu entwickeln, die uns zu diesem Ideal bringt, und auch dieses Sadhana mag Karma Yoga genannt werden, aber die Essenz von Karma Yoga ist, dass man einen Stand der Nichtverletzbarkeit erreicht. Man verletzt niemals und wird nie verletzt. Wird man verletzt — ob man nun reagiert oder nicht — ist auf die eine oder andere Weise potentiell eine Reaktion da. Man mag nicht reagieren oder die andere Person zurückverletzen, man mag überhaupt gar nichts tun, doch wenn man zu seinen Freunden geht und ihnen erzählt: „Wisst ihr, er hat mich da neulich beleidigt, und ich habe ihn nur angelächelt", hat man diesem Mann nur einen Feind geschaffen. Man mag nicht reagiert haben, aber der Freund wird es tun! Das ist Gewalt durch einen Stellvertreter! Man will diese andere Person nicht schlagen, aber man ermutigt jemand anderen, ihn schlagen zu gehen. Wenn man also verletzt werden kann, ist man gewalttätig und aggressiv. Es ist das starke, aggressive Ego, das verletzt wird. Und so lange wie es diese Verletzbarkeit gibt, sind Gewaltlosigkeit und Karma Yoga nicht möglich — man kann Gott nicht in allem dienen, man kann ihn nicht in allem sehen.

In diesem Sinne unterrichtete und vermittelte Swami Sivananda eine große Bandbreite von verschiedenen Lehrsystemen, die traditionellerweise den verschiedenen Zweigen des Yoga zugeschrieben wurden. Dienst zu tun wird als Karma Yoga bezeichnet, Gott in jedem zu sehen ist Bhakti Yoga, all diese Dinge ohne Unterschied zu behandeln, ist Jnana Yoga, aber hier sind alle miteinander gemischt worden.

Aus diesem Grund kann man Bhakti Yoga nicht isoliert praktizieren. Die Bhagavad Gita formuliert es sehr schön: „Der Schüler ist stark am Wohlstand aller interessiert." Was man tut, mag nicht so spektakulär sein wie das, was ein anderer tut. Das ist nicht wichtig. Ich weiß nicht, ob die mit dem *Ramayana* (indisches Heldenepos) verbundene Legende bekannt ist. Die *Varanas (Volk)* bauten eine Brücke über den Ozean, um nach Lanka zu gehen. Sie waren mächtige Leute, die einen ganzen Berg heben und ihn in den Ozean werfen konnten. Sie waren dabei, eben dies zu tun, als ein kleines Eichhörnchen herumschnüffelte und herausfand, was vor sich ging. Das Eichhörnchen überlegte, was es tun könnte. Es konnte weder einen Stein noch einen Baum heben, also lief es zum Ozean, machte seinen Pelz nass, rollte sich ein paar mal am Strand, so dass sein Körper Sand aufnahm, lief dann dorthin, wo sie gerade bauten und schüttelte seinen Pelz, so dass ein paar Sandpartikel auf die Brücke fielen. Als Rama das sah, wird gesagt, dass es ihm sehr gefiel und er den Rücken des Eichhörnchens mit drei Fingern entlang strich. Selbst heute kann man die weißen Streifen auf dem Rücken des Eichhörnchens sehen. Was jemand anderes tun kann, mag fantastisch sein, und was man selbst beitragen kann, mögen nur ein paar Körnchen Sand sein. Das ist genug, denn es ist der Geist, der zählt. Es gibt Dutzende von Geschichten in der *Mahabharata* (indisches Heldenepos) und anderen Schriften, die das illustrieren. Nicht die Quantität, sondern der Verstand zählt.

Wenn man ein Gottesverehrer ist, ist es unmöglich, nicht am Wohle aller Wesen interessiert zu sein, denn man beginnt zu erkennen, dass Gott selbst in verschiedenen Formen zu einem kommt. Wenn ein kranker Mann kommt, ist er Gott, der in jener Form zu einem kommt; wenn ein armer Mann kommt, ist er Gott, der in jener Form zu einem kommt, um jemanden dazu zu befähigen, Hingabe im Dienst auszudrücken. Wenn man, während man diesen Dienst leistet, nicht aufmerksam ist und nicht merkt, was in einem vorgeht, mag er aufhören, selbstloser und hingebungsvoller Dienst zu sein und mechanischer oder egoistischer Dienst werden. Um also die Reinheit des Bhavas (inneren Einstellung) aufrechtzuerhalten, sollte man achtsam gegenüber dem Verstand und dem eigenen Herzen sein. Das ist stetige Meditation. Wenn man sich nicht ständig in einer meditativen Stimmung befindet, ist es nicht möglich, Karma oder Bhakti Yoga zu praktizieren.

Die Verehrung eines Idols (Murthi-puja) sollte allmählich in die rein geistige Verehrung (Manasische Puja) und Para Puja (die höchste Puja) übergehen und so weiter. Der Unterschied zwischen Manasischen Puja und Para Puja ist nichts anderes als die innerste Einstellung. Um zu erkennen, dass diese Einstellung da ist, muss man ständig vor sich selbst auf der Hut sein. Das ist ständige Meditation. Aus dieser Sicht gesehen ist es eigentlich so, dass man Murthi-puja macht, um zu erfahren, was es heißt, Gott in einer anderen Person zu sehen. Wie weiß man, dass man Gott in ihm sieht? Man geht in den Tempel, und während man die Puja macht, ist da ein inneres Gefühlt. Dies ist das Gefühl, in Gottes Gegenwart zu sein. Ist es das dasselbe Gefühl, das man hat, wenn man mit all den anderen zusammen ist oder nicht? Es gibt also einen Prüfstein, nach dem man beurteilen kann. Wenn man dasselbe Gefühl in Gegenwart eines anderen Menschen nicht hat, bedeutet das, dass man nicht Gott in ihm sieht. Dort im Tempel hat man die Gegenwart Gottes gespürt, hier fühlt man, dass er der Freund ist. Es ist das Ego, das unterschiedlich reagiert. Das muss man beobachten. Wenn man nicht lernt, es zu beobachten, wird man sich nie weiter entwickeln, man wird nie lernen, Karma Yoga oder Bhakti Yoga zu praktizieren.

Es ist ungeheuer wichtig, einer anderen Person dienen zu lernen, zum Beispiel dem eigenen Lehrer. Verehre ihn. Spüre buchstäblich die Gegenwart Gottes in ihm. Aber warum wird Murthi-puja vorgeschrieben? Weil es einfacher ist. Dieses Bildnis hat kein Ego und ist so eine vollkommen neutrale Einheit – es steht still da, bewegungslos, blinzelt nicht – und so gibt es nur ein Problem für einen, und das ist man selbst.

Wenn man seinem Lehrer dient, wird das ein bisschen komplizierter sich anzupassen, sich einzustellen und so weiter, weil er so lebendig ist. In dem Moment, in dem man ihn ansieht, sagt sofort der Verstand: „Er ist soundso. Er mag dies, er mag dies nicht. Ich muss ihn zufrieden stellen. Dies wird ihm gefallen, dies wird ihm nicht gefallen.“ Hier gibt es eine persönliche Beziehung. Was die Murthi betrifft, ist keine persönliche Beziehung möglich, darum ist Murthi-puja einfacher als Guru-puja.

Versucht, während der Murthi Puja die einfachen Lektionen der Verehrbarkeit, Aufgabe, Hingabe, Liebe, Zuneigung und Ergebenheit zu lernen, und wendet es dann auf den Lehrer an. Das Herz erweitert sich in konzentrischen Kreisen. Es ist möglich, dass man einen Impuls erhält, und die ganze Sache explodiert, und man ist erleuchtet. Es ist auch möglich, dass das Herz in konzentrischen Kreisen weit werden muss. Erst macht man Murthi Puja, pflegt Bhava, beobachtet das eigene Herz und den Verstand, um zu sehen, wie es sich anfühlt, wenn man vor etwas steht, das für Gott erachtet wird. Dann gehe man zu seinem Lehrer, beuge sich nieder zu ihm, verehre ihn, schaue, ob man dieselbe Erregung fühlt oder ob das Ego aufsteht und sagt: „Was ist das für ein Lehrer? Er ärgert mich die ganze Zeit.“ Oder: „Er macht nicht, was er meiner Ansicht nach machen soll.“ Die Statue im Tempel macht nicht, was man will! Hier gibt es wieder die Möglichkeit für einen, das Ego zu studieren, und dann lässt das Ego langsam die Erwartung fallen. Man ist fähig, Gott im Tempel zu verehren, man ist fähig, Gott im Lehrer zu verehren. Dann schaut man sich seine *Gurubhais (Schüler)* an. Man hat nicht dieselben Gefühle. Prüft weiter. Möglicherweise erweitert sich auf diese Art die Erfahrung der Allgegenwart Gottes in konzentrischen Kreisen. Das ist Bhakti Yoga. Wird dies nicht verstanden, bleibt man sein Leben lang ein Anbeter von Statuen.

Obwohl Swami Sivananda fest in höchstem Bhakti begründet war, gab er die rituelle Statuenverehrung nicht auf. Das, was sagt: „Ich bin erleuchtet, und deshalb ist das für mich nicht notwendig", ist das Ego. Bis zu seinem Tod hat Swami Sivananda persönlich verehrt, wenn auch immer seltener. Nach 1956 oder 1957 konnte er nicht einfach den Berg hochgehen, darum kam er also nicht oft in den Tempel. Er hat nicht etwas aufgegeben, aber es wurde physisch unmöglich, also entfiel es.

Eines der wichtigsten Sadhanas — nicht nur in Verbindung mit Bhakti, sondern Jnana und allen Formen des Yoga — ist Satsang. In den 40er Jahren bestand der Satsang aus dem ‚Jaya Ganesha', womit wir begannen, und dann sang jemand in Sanskrit ein Kapitel aus der Bhagavad Gita — mit oder ohne Übersetzung. Dann stimmte er den Refrain in einem Kirtan an, und andere lasen die Upanishaden, Vishnu Purana oder Bhagavatam oder einen anderen Text, und wir alle wechselten uns dabei ab, den Refrain anzustimmen. Es dauerte etwa eine Stunde. Satsang ist wichtig, weil es der Satsang ist, der den Geist all dieser Yogapraktiken trägt. Wenn ohne Satsang der Verstand herabgesetzt wird, wissen wir nicht einmal, was geschehen ist. Swami Sivananda mochte also den Satsang ganz besonders. Wenn manchmal der Körper sehr krank und schwach war, ließ er es aus, ins Büro zu kommen, aber er ließ niemals den Satsang aus. Normalerweise wird sogar die Stirn gerunzelt, wenn man beim Satsang mal die Beine ausstreckt, aber wenn Swami Sivananda nicht auf dem Boden sitzen konnte, saß er auf seinem liebsten Bequem-Stuhl, und der Satsang ging weiter. Wenn der Körper selbst das nicht mehr konnte, legte er sich buchstäblich hin – aber er ließ nicht aus, in den Satsang zu kommen. Einmal war ein Besucher gekommen und am zweiten oder dritten Tag nicht in den Satsang gegangen. Swami Sivananda bemerkte das und fragte am nächsten Morgen, warum er nicht gekommen war. Der Besucher erwiderte, dass es ihm nicht sehr gut ging. Swamiji sagte: „Genau aus diesem Grunde solltest du in den Satsang kommen. Wenn es dir nicht gut geht, musst du auf jeden Fall kommen. Hier wirst du wieder gesund werden." Eine andere junge Frau war aus Südindien hierher gekommen. Sie war wahrscheinlich schüchtern. Nachdem das Lesen zu Ende war, war jeder an der Reihe, den Refrain zu leiten. Dieses Mädchen sagte: „Swamiji, mir tut mein Hals weh. Ich bin etwas heiser." Swamiji schickte jemanden, Hustenmedizin zu holen. Sie wusste nicht, ob sie es nehmen sollte oder nicht! Sie wollte sicher um das Singen herumkommen und sagte deshalb, dass ihr Hals wehtäte. Niemand war davon ausgenommen, weil es im Satsang war, wo man seinen Halt im Yoga fand und herausfand, wo man Fehler machte und wie man sich wieder fangen konnte.

Im Satsang wurden die Schriften systematisch studiert – *Swadhyaya*. Swadhyaya wird unter Raja Yoga und Jnana Yoga eingestuft, aber es ist auch wichtig für Bhakti und Karma Yoga und für wohl jeden Zweig des Yoga. Swami Sivanandas Yoga war also im Grunde integraler Yoga. Aber warum muss man es integralen Yoga nennen? Yoga bedeutet Integration. Kein Yoga kann isoliert praktiziert werden, und darum gibt es keine Spezialisierung. Man muss alle diese Yogas in sich selbst integrieren, man muss sich die besten Praktiken der Yogazweige und sein eigenes System entwickeln. Dann wird es zum Yoga. Besonders Swamijis Yoga oder Divine Life.

INTEGRALER YOGA

Es gibt drei grundlegende Elemente des Karma Yoga, die sich auch an Bhakti anlehnen, nämlich *Yajna, Dana* und *Tapas.* Yajna könnte Opfer bedeuten und auch Verehrung. Dana ist Nächstenliebe. Tapas ist Askese oder ein einfaches Leben. Wenn es diese Elemente nicht gibt, ist das Leben nicht wirklich spirituell. Das ist auch wieder das Besondere an Swami Sivananda — das Ritual und die Methode werden nicht abgelegt, sondern der Sinn darin entdeckt. Anders als die meisten Heiligen, die eine Sache ablegten, um eine andere zu erreichen, legte er nie etwas ab. Ihm bedeutete Yajna nicht nur Selbstaufopferndes Dienen, sondern auch das Ritual Yajna. Im Ashram hatten wir also eine endlose Reihe von Ritualen. Jeden Tag wurde eine *Homa* (Feuerzeremonie) durchgeführt. Wir machten auch Pada-puja, fast jeden zweiten Tag. Alles war erlaubt — so dass nahe gelegt werden konnte, dass er jede Methode aufrechterhielt, so dass durch das bloße Ausführen der Methode der Sinn hervorgerufen werden konnte. Wenn man zwei trockene Zweige aneinander reibt, entsteht Feuer, aber was passiert, wenn ein Zweig feucht ist? Swami Sivanandas Antwort war: „Reibe weiter. Lege nie die Methode ab, weder aus dem Gefühl heraus, dass es nutzlos wäre noch, dass du das Ziel erreicht hättest. Reibe weiter, und der Sinn wird eines Tages aufsteigen.“ Er hat also nicht auf das Ritual Yajna oder die Homa verzichtet, sondern da sitzend und diesen Ritualen zusehend erinnerte er sich und die anderen an den Geist der Selbstaufopferung. Man sollte nicht einfach nur Opfergaben in das Feuer gießen, sondern dieses Opfer muss das Leben durchdringen. Zufälligerweise impliziert das Wort Opfer (engl. ‚sacrifice') ‚es heilig (engl. ‚sacred') machen', wenn man also in der christlichen Theologie Brot und Wein als

Opfer gibt, macht man sie heilig. Wenn man *Ghee* (gereinigte Butter) und anderen Opfergabe ins Feuer gibt, heiligt man sie dadurch. So entsteht heilige Asche. Wenn man auf dieselbe Weise alle Handlungen als Opfergaben in das kosmische Feuer Gottes gibt, wird unser Leben heilig. Das wird dann zu Brahma-karma-samadhi.

Dana (die Gabe) hatte in diesem Fall eine ganz eigene spezielle Wirkung. Manche Aussprüche drücken das aus. Ein schöner Ausspruch:

Tvadiyam vastu govinda tubhyam-eva samarpaye

„Ich opfere das, Herr, was dein ist." Was gibt man als Gabe? Obst, Nahrung, Kleidung, Geld? Hat man irgendetwas davon erschaffen? All diese Dinge wurden durch die Natur Gottes erzeugt. All diese Dinge selbst sind Gottes eigene Kreation. Und man nimmt diese und opferst sie Gott, als hätte man eine tolle Sache getan! Es gibt eine nette Geschichte, die dies illustriert: Ein sehr armer Mann wurde von einem Pandit gebeten, für etwa achtundvierzig Tage Ganesha-puja durchzuführen. Der Ganesha selber musste aus Rohzucker gemacht werden. Dieser Mann musste jenen Ganesha verehren und ihm ein paar Süßigkeiten als Prasad opfern. Er machte diese Puja seit über einem Monat, doch absolut nichts passierte. Wenn überhaupt, dann wurde er noch etwas ärmer, wegen des Prasad, das er jeden Tag opfern musste. Eines Tages vergaß er, die Bonbons zu holen. Er setzte sich halbherzig nieder zur seine Puja, weil es eine Routine war und er auch befürchtete, dass etwas Schlimmes passieren würde, wenn er es nicht tat. Als für ihn die Zeit kam, zu der er etwas Prasad opfern sollte, sah er sich um, und da war nichts. Er sah Ganesha an und dachte: „Das ist auch aus Süßigkeiten gemacht", also kratzte er ein wenig von der Statue selbst, opferte es und sagte: „Ganesha, bitte nimm dies an."

Das ist mehr oder weniger das, was alle tun. Alles gehört schon zu Gott, alles ist von Gott erschaffen. Man hat überhaupt nichts geschaffen, und trotzdem will man es Ihm opfern oder seiner Manifestation, welche ein lebendes Wesen ist, und auch noch Anerkennung dafür, weil man es in Nächstenliebe gegeben hat. Swami Sivananda glaubte keineswegs daran, dass der Gebende auf irgendeine Weise dem Erhaltenden, dem Begünstigten gegenüber überlegen war. Niemand konnte ihn davon überzeugen. Für ihn war das eigentliche Geben ein Segen, wenn er also gab, gebrauchte er immer den Ausspruch, der in der Bhagavad Gita erscheint,

> *patram pushpam phalam toyam yo me bhakta prayacchati*
> *tad-aham bhaktyupahritam asnami Prayatatmanah*
> (IX.26)

„Wer immer Mir mit Hingabe und einem reinen Geist ein Blatt, eine Blume, eine Frucht oder etwas Wasser opfert — ich werde es annehmen." Er hatte das größte Vergnügen daran zu geben, zu teilen, und zu jeder Gelegenheit sagte er „*patram pushpam*", was soviel heißt wie „ich verehre dich damit." So leitete er auch den Ashram. Studenten, Schüler und Suchende kamen. Er nahm sie auf und gab ihnen, was sie brauchten, in dem Wissen, dass das, was ihnen gegeben wurde, ihnen schon gehörte. Derselbe Gott gibt mit der einen Hand und erhält es mit der anderen. Also war nicht einmal das Gefühl von „ich gebe all dies" da. Das war seine besondere Einstellung.

Tapas bedeutet ein strenges, einfaches Leben zu führen. Nur der, der ein einfaches Leben lebt, kann Karma Yoga praktizieren. Wenn man ein Luxus liebender Mensch ist, kann man nicht Karma Yoga praktizieren, man kann nichts aus Nächstenliebe geben, man kann nichts in Selbstaufopferung geben. Tapas bildet die Grundlage spirituellen Lebens. Man sollte nicht damit prahlen. Wenn zum Beispiel darauf aufmerksam gemacht wurde: „Swamiji, du sagst, dass man Tapas praktizieren sollte, dennoch trägst du einen schönen, großen Mantel“, erinnerte er einen daran, dass eben das Tuch, das man trug, geschneidert und zum Mantel verarbeitet worden war. Das Tuch behindert die Arbeit, aber der Mantel tut dies nicht.

Eine andere Form der Nächstenliebe, des Dienens, zu der er riet, war das Gebet. Man sollte nicht für sich selbst beten, sondern für andere. Zu beten — nicht nur für den Frieden im Allgemeinen, sondern im Besonderen — war also Teil seines Lebens. Früher war dies ein weiterer Dienst, der von den Schülern im Ashram durchgeführt wurde. Swamiji hatte großes Vertrauen in das *Mrityunjaya Mantra* (Mantra der Befreiung). Schüler schrieben ihm, dass sie (oder ein Mitglied ihrer Familie) krank waren und baten Swami Sivananda, das Mrityunjaya Mantra zu wiederholen. Alle mussten an diesem Ritual teilnehmen. Wir waren damals nur zehn, und jeder von uns musste es oft singen. Wir mussten dem Schriftführer Bericht erstatten, der darüber Buch führte, wie oft wir das Mantra gesungen hatten während an die Person gedacht wurde. Wir haben die Betreffenden niemals gesehen, aber wir hatten den Namen im Hinterkopf, und während wir an sie dachten und für ihr Wohlergehen beteten, machten wir Japa mit dem Mrityunjaya Mantra am Ufer des Ganges. Dies war eine weitere Form des Dienens zu der er ermutigte. Hier wurden alle wichtigen Elemente des Sadhana direkt eingebracht. Eine Stunde am Ufer der Ganges Japa machen ist Sadhana für jeden. Gleichzeitig ist es ein Dienst für den anderen Mann, ein Dienst für die Menschheit. Man verdient nichts dabei und lernt, was es heißt, selbstlos zu sein. Selbstloses Dienen, das auch das eigene Sadhana mit einschließt, ist eine schöne Mischung. Das machten wir oft. Wenn die geforderte Anzahl vollständig war, gab es ein Fest, das Essen für die armen Leute und so weiter, und dann kam das Ritual zum Schluss. Zu der Zeit mag schon ein anderer Mann um das Mantra Japa gebeten haben. Dann ging es weiter.

Swami Sivananda wollte, dass es allen Menschen gut geht und tat sehr viel dafür. Wenn man für die Gesundheit, das Glück und den Frieden anderer betet, wird man zum Kanal für den Fluss der göttlichen Gnade. Das Wasser, das sich in einem Teich sammelt, mag zu irgendeinem Zeitpunkt schmutzig werden, aber das Wasser, das durch eine Leitung fließt, wird niemals schmutzig, weil es die ganze Zeit fließt. Wenn man also weiter ein Kanal für die göttliche Gnade ist, bleibt das Herz immer rein, man ist immer mit göttlicher Gnade angefüllt. Das war sein Trick. Durch Gebet wird man zum Kanal für diese göttliche Gnade, und so ist man voll davon. Indem man nichts davon für sich selbst beanspruchen will, ist man selbstlos und wird darum göttlich. Das ist nichts Neues. Menschen haben schon Millionen Jahre lang Gebete gesprochen, doch Swamijis Genie liegt in dieser Kombination. Durch das Kombinieren von dem, was im Grunde als Bhakti Praxis angesehen wird, mit einem ungeheuren Ideal an selbstlosem Dienen, vollbrachte er ein Wunder. Japa und Gebet waren ihm unheimlich wichtig, nicht nur für die eigene, persönliche Entwicklung sondern als Akt des Dienstes an der Menschheit. Wenn man das tut, kommt die persönliche Entwicklung ganz natürlich. Man muss sich dann nicht darum bemühen.

Normalerweise ist es das Ego, welches Probleme macht. Anstatt also für ‚mich' zu beten, so als wäre das ‚ich' hier in diesem Körper, könnte ich für das ‚ich' dort in deinem Körper beten. Dann ist der Egoismus weg. Es gibt auch ein ‚ich' in dir, warum also nicht für das ‚ich' in dir beten? Ist das nicht dasselbe wie ich? Was ist der Unterschied? Wenn man anfängt, ein Mantra zu singen: „Gott, bitte errette mich", soll man das sehr sorgfältig beobachten. Man chantet nicht für sich selbst, sondern für einen anderen, der krank ist. Jedes Mal wenn man also sagt: „Gott, rette mich“, wirst man das ‚mich‘ als ihn visualisieren, und die Teilung zwischen einem und ihm hört auf. Das war Swamijis Magie. Bete, aber bete für das Glück, die Gesundheit und das lange Leben der anderen — und während man es tut, verschwindet die Illusion oder falsche Unterscheidung, die der Geist zwischen dir und ihm geschaffen hat — was bedeutet, dass das Ego abgetragen wird. Ohne Ego kann man mühelos meditieren.

Obwohl Bhakti Yoga und Karma Yoga erörtert worden ist, hat man sich im Grunde wirklich mit Raja Yoga beschäftigt. Es gab überhaupt keinen Unterschied. Die ganze Zeit hat man über einige der großen Tugenden von den *Yamas* (Verhaltensregeln im Umgang mit anderen) und den *Niyamas* (Verhaltensregeln im Umgang mit sich selbst) nachgedacht, meditiert, sie geprüft und sie in sich entwickelt. Ohne sich dessen bewusst zu sein praktiziert man Yama und Niyama ganz mühelos, obwohl man bis hierher noch nicht einmal die Namen gehört hat. Die ganze Zeit hat man Tapas, Svadhyaya, Isvarapranidhana gemacht. Wenn man am Ufer des Ganges sitzt und Mrityunjaya Japa für den Frieden und das Glück eines anderen macht, entsteht auch keine Rastlosigkeit, weil keine persönliche Ambition dabei ist. Wenn man es um seiner selbst willen tut, ist man versucht, sich zu kratzen und zu sehen, ob es sich verwirklicht. Aber da es für die Gesundheit und den Frieden von jemandem ist, den man noch nicht einmal getroffen hat, und da man es auch nur tut, weil Swami Sivananda einen darum gebeten hat, weiß man ja nicht einmal, ob die Mantrawiederholung einen Nutzen hat oder nicht. Ohne jede Rastlosigkeit des Verstandes sitzt man also da und wiederholt das Mantra als einen Akt des Dienens, wie von Swamiji gelehrt, und darum gibt es absolut keine Rastlosigkeit.

Jedes Sadhana (sogar Meditation), das mit einem Ziel oder einer Absicht getan wird, bewirkt das Gegenteil. Nicht nur bringt es keinen Nutzen, sondern es verschlimmert Rastlosigkeit. Alle drei Minuten denkt man: „Warum schwebe ich nicht? Om Namah Shivaya. Nach der ersten Mantrawiederholung muss ich mindestens fünf Zentimeter über dem Boden sein, Om namah Shivaya". Dieses Bestreben nach Fortschritt blockiert selbst den Fortschritt. Wenn Sadhana aber jemand anderem zuliebe gemacht wird, wird es komischerweise mühelos schön.

Swami Sivananda empfahl auch das selbständige Praktizieren von Yoga Asanas und Pranayama, um den Körper zu bewahren. Er lehrte, ihn nicht als Körper anzusehen, sondern als Tempel, in dem Gott selbst im Augenblick wohnt. Es ist gut, ihn sauber und gesund zu halten, nicht um des Körpers willen, sondern damit er gut als Tempel Gottes funktionieren und dienen möge. Er war äußerst sorgfältig im Umgang mit seinem eigenen Körper. Trotz der vielen Krankheiten, war er recht gesund, und er tat alles nötige, um seinen Körper im Arbeitszustand zu halten. In dieser Zusammensetzung sind beide Worte wichtig. Arbeit und Zustand — der für das Arbeiten notwendige Zustand. Während der All-Indian-Tour war das Programm in Madras wirklich äußerst anstrengend. Swamiji war zu diesem Zeitpunkt dreiundsechzig. Von morgens um sieben bis zehn Uhr abends wurde er herum und herum von einem Programmpunkt zum nächsten geführt. Ein Gespräch hier, dort *Bhajan* (Lobgesang), ein Besuch in der Schule, Lunch irgendwo. Es ging immer und immer weiter. Massen von Leuten umgaben ihn die ganze Zeit, und auch wenn nur fünf oder zehn Leute um ihn waren, sprach und sang er als wäre es eine Menge von fünf Millionen. Er machte da überhaupt keinen Unterschied. In Madras bekam er Fieber, und sein Hals wurde trocken. Wir hielten dann eine Tasse mit Obstsaft für ihn bereit, dass er ab und an davon einen Schluck nehmen konnte. Wir waren gerade dabei, zu einem großen öffentlichen Empfang in das Museumstheater in Madras zu fahren. Ein orthodoxer Brahmane, der auch Richter des obersten Zivilgerichtes in Madras war, saß neben Swami Sivananda. Er war Vorsitzender des Empfangskomitees. Als das Auto in den Hof des Museumstheaters hinein fuhr, fragte mich Swamiji, ob noch etwas von dem Saft übrig war. Er war alle. Ich sagte: „Wenn du auf die Bühne gehst, werden wir welchen holen", aber nein, Swami Sivananda ließ das Auto zu einem kleinen Eckladen fahren, wo Brause verkauft wurde. Der Richter des obersten Zivilgerichts selbst kaufte eine Limonade, öffnete sie und gab sie Swami Sivananda. Dann fuhren wir zurück. Die Veranstaltung war wunderschön. Am letzten Tag unseres Aufenthalts in Madras war noch ein letztes öffentliches Treffen, von wo wir direkt zum Bahnhof gehen sollten. Swamiji hatte hohes Fieber, der Saal war brechend voll mit zehn- oder fünfzehntausend Leuten und draußen noch vier- oder fünftausend. Alle die hohen Leute waren auf der Bühne. Swamiji hielt sich die meiste Zeit am Mikrophon fest, weil er nicht einmal seine Stimme heben konnte. Derselbe Richter des obersten Zivilgerichts machte sich jetzt Sorgen. Er konnte sehen, dass Swamiji nicht gesund war und zitterte — und trotzdem weitermachte! Was würde passieren, wenn er plötzlich auf der Bühne zusammenbrach? Wir *alle* machten uns Sorgen. Einer nach dem anderen kamen die Beamteten zu uns hinauf und sagten: „Bittet ihn doch aufzuhören, es reicht doch. Er ermüdet sich total. Die Leute wollen ihn nur sehen, ihn anschauen und seinen Darshan haben." Nein, er machte weiter mit seinem Vortrag und seinem Kirtan. Obwohl er so dicht an das Mikrophon ging wie möglich, war er kaum zu hören. Der Körper sollte also im Arbeitszustand gehalten werden, so dass er arbeiten möge, nicht zum Vergnügen.

Den Körper als Tempel Gottes anzusehen, in dem Er wohnt und durch den er der Menschheit dient, war fest in seinem Leben verwurzelt. Wenn man dieses Gefühl hat, vernachlässigt man den Körper nicht und man sieht auch nicht diese Gesundheit als eigenen Besitz an. Mann soll sich bemühen, so gesund wie möglich zu sein, weil Gesundheit, Glück, Wohlergehen und Frieden Gott gehören, Der in allem ist. In dieser einfachen Aussage sind alle Yogawege miteinander verbunden. Hatha Yoga, Raja Yoga, Bhakti Yoga, Karma Yoga. Diese Einstellung war das Besondere an Swami Sivananda. Dies ist integraler Yoga, und wenn man ihn praktiziert, befindet man sich in konstanter Meditation. Wenn man darin begründet ist, befindet man sich in konstantem *Samadhi* (überbewusster Zustand), Sahaja Samadhi. Aber was geschieht mit einem? Wenn man ihm nahe war, war man natürlich auch in Samadhi. Es gab überhaupt keine Ablenkung. Es war ein wunderschönes Gefühl. Aber man befand sich nicht immer in seiner physischen Gegenwart. Wenn man fort fuhr, oder er fort fuhr und man von anderen Kräften umgeben war, gab es die Möglichkeit der Ablenkung. Was war dann zu tun? Er empfahl Japa als den Notanker des Sadhana. Sein Begriff dafür war ‚Gedankenhintergrund'. Die Sache ist die, dass man sein *Ishta Mantra* (persönliches Lied) die ganze Zeit benutzt. Sobald man aufgewacht ist, beginnt man sein Ishta Mantra zu wiederholen. Dann steht man auf, wäscht sich kurz, setzt sich nieder und macht mit dem Ishta Mantra Japa bis man in die Meditation übergeht. Meditation muss geschehen. Swami Sivananda beschrieb Meditation nie. Für ihn war Japa selbst Meditation. Wenn man versucht, Meditation zu praktizieren, lädt man die Ablenkung ein. Man wird nicht meditieren, man wird es nur versuchen. Aber macht man sein Japa weiter, wird man ohne Mühe, ohne Verlangen, ohne Versuchen und ohne ein darum Kämpfen in die Meditation hineingleiten. Man wiederhole das Mantra ununterbrochen.

Während man mit jemandem spricht vergisst man das Mantra. Man sollte es sich zur Gewohnheit machen, sich für zehn oder fünfzehn Sekunden zurückzuziehen, zum Beispiel zu jeder vollen Stunde. In diesen paar Sekunden erinnert man sich an Gott. Dann nehme man seine Arbeit wieder auf. Wenn man so weiter macht, wird man sehr bald feststellen, dass das Mantra im Unbewussten weiter fließt, wenn man mit jemandem spricht, wenn man mit etwas sehr aktiv beschäftigt ist oder sogar wenn man schläft. Es wird natürlich. Das ist der Zeitpunkt zu dem Meditation leicht möglich wird.

In einem praktischeren Verständnis kann dieser Gedankenhintergrund einem unwahrscheinlich dabei helfen, was Swamiji Schlachtfeld-*Pratyahara* nannte. Dabei, wie man willentlich den Geist zurückziehen und seine Sinne nach innen richten kann. Wenn es eine Versuchung gibt, eine Bedrohung, ein Ärgernis oder eine Reizung, wenn jemand kommt und mit diskutiert und man merkt, dass man in der nächsten Minute oder so explodieren muss, dann kann die Wiederholung des Mantras die Situation entschärfen. Swami Sivananda war darin ein Genie. Selbst wenn zwei Ashram-Bewohner vor ihm anfingen zu diskutieren, sah es so aus, als würde er eine Weile mitdiskutieren, um dann zu sagen: „Om Namah Shivaya", und die ganze Sache entspannte sich. Es machte überhaupt nichts, wo die Diskussion sich gerade befand, wie weit sie sich entwickelt hatte und wer der Gewinner oder der Verlierer war. Man hatte sich gerade über etwas außerordentlich Wichtiges gestritten, und plötzlich beendete er es. Er konnte es zu jedem Zeitpunkt abbrechen, selbst wenn man gerade mit ihm diskutierte. „Om Namah Shivaya" in diesem Kontext bedeutete ‚genug'.

Dies kann im Leben eine ungeheure praktische Hilfe sein. Gleichzeitig befähigt es einen, diesen Gedankenhintergrund zu stützen, so dass der Geist ohne jede Mühe dort hineingleitet und in die Meditation.

ERINNERUNG AN GOTT

Am Anfang war der Ashram-Satsang sehr streng — nicht einmal Zimbeln waren erlaubt — es gab kein elektrisches Licht, und selbst andere Lampen gab es kaum. Normalerweise wurde es in fast vollständiger Dunkelheit geleitet, bis auf eine kleine Lampe auf dem Altar und einer Sturmlampe für Lesezwecke. Swami Sivananda versuchte immer einen ernsthaften Ausdruck der Liebe, der Hingabe zu geben. Heuchelei unterstützte er nicht. Er sagte immer, dass man, wenn man Kirtan singt, mit geschlossenen Augen sitzen sollte und fühlen sollte, dass man für Gott singt und nicht, um ein Publikum zu unterhalten. Das Bild, das Swami Sivananda uns empfahl, war einem Bild von dem singenden *Surdas* (indischer Heiliger) mit dem jungen, zuhörenden, vor ihm sitzenden *Krishna* (Gottinkarnation), das ihr vielleicht schon einmal gesehen haben mögt. Wenn man so singt, kümmert man sich nicht um seine Stimme, den Zustand seines Halses oder die Übung im Singen. Man singt einfach mit Hingabe.

Während Ereignissen wie Sivaratri oder Janmashtami, wenn der Satsang verlängert werden musste, war es uns nach 22 Uhr erlaubt, einige Zimbeln zu benutzen und zu stehen, oder zu gehen und zu singen. Selbst zu solchen Gelegenheiten stand Swamiji meistens nicht einmal auf. Er saß neben dem ersten Pfeiler auf der linken Seite, wenn man in den Tempel kommt, und während alle laut sangen, sang er sehr leise „Om Namah Shivaya" mit geschlossenen Augen und mit tiefer Stimme. Nur *er* konnte das, wir würden dabei einschlafen. Es erforderte ungeheure Wachsamkeit, dies zu tun. Er war der einzige, der es fertig brachte, dort fortwährend zu sitzen, von 21 Uhr bis 3 Uhr er stand so gut wie nie von diesem Platz auf.

Wenn man sitzt und *Kirtan* (Lieder) singt, macht man nicht nur Bhakti Yoga sondern auch Raja Yoga. Man befindet sich in einer nachdenklichen Gemütsverfassung. Japa sollte auch in solch einer besinnlichen Verfassung gemacht werden, so dass Tat und Nachdenken integriert werden können. Für gewöhnlich denkt man, dass Meditation nur dann möglich ist, wenn man nichts tut. Swami Sivananda akzeptierte das nicht. Man sollte fähig sein, selbst dann zu meditieren, wenn man kämpft. Aber erst sollte man einmal lernen zu meditieren, während man etwas tut wie Kirtansingen oder Japa, anstatt zu fühlen, dass das einen Widerspruch oder eine Ablenkung darstellt. Wenn man das kann, kann man wahrscheinlich auch mit geöffneten Augen meditieren. Was auch immer der Körper tun mag, es ist möglich, die besinnliche Gemütsverfassung aufrecht zu erhalten. Man lernte es am einfachsten, wenn man ihm beim Singen beobachtete. Kann man diesen meditativen Zustand halten, während man singt und Japa macht, und dann aufstehen und um den Tempel laufen und ihn immer noch erhalten? Wenn man das kann, dann ist es möglich, eine Weise zu finden, ihn bei allem zu erhalten, was auch immer man tut.

Ein anderer großer Swami (Nishreyasanandaji) erklärte es sehr schön. Es gibt zwei Mahavakyas (große Lehrsätze)- *Aham brahmasmi* und *Tat twam asi. Aham brahmasmi* bedeutet „Ich bin Brahman", *Tat twam asi* „Das bist du" — du bist Brahman. Der Swami sagte, „Wenn du mit geschlossenen Augen sitzt und meditierst, erkennst du *Aham brahmasmi*, „Ich bin Brahman", wenn du deine Augen aufmachst und dich mit anderen auseinandersetzt, erkennst du *Tat twam asi*, „Du bist Brahman", so dass sich dieses Brahmanbewusstsein überall, ununterbrochen fortsetzt." Das war Swamijis Yoga: ein ununterbrochenes Gottbewusstsein, welches sich nicht auf die sogenannte spirituelle Praxis, die abgegrenzte ‚persönliche Sadhana-Zeit' beschränkt. Normalerweise findet man sich von vier bis sechs Uhr absolut göttlich. Von sechs bis neun ist man es nur noch zur Hälfte. Von neun bis fünf ist man ein Untier. Und dann geht man wieder dazu über, göttlich zu sein. Stattdessen kann dieses Gottbewusstsein alle Handlungen durchdringen, was auch immer du tust. Es ist nicht so leicht für einen Anfänger, an diesem Punkt anzukommen, während er kocht, Essen serviert oder den Ashram verwaltet. Man versucht also, diese Synthese zustande zu bringen, während man Japa macht und Kirtan singt, und schaut dann, ob es auch bei anderen täglichen Handlungen beibehalten werden kann.

Das Schaffen einer Gedankenkulisse war das zweite wichtige Merkmal, und das dritte war, dieses Japa oder die Wiederholung des Namens Gottes in alle möglichen sogenannten ‚weltlichen Handlungen' einzuführen. Ich werde ein paar Beispiele geben. Zuerst Küchenarbeit. Swamiji selbst nahm gelegentlich einen Eimer und servierte in den Anfangstagen, und er lehrte uns wie. Anstatt zu rufen: „Roti, roti, roti, roti", sagte er: „Roti Bhagavan, roti Mataji, roti Maharaj, roti Narayan" während er es behutsam absetzte. Auf diese Weise führt man den Namen Gottes in diese Arbeit ein. Möglicherweise tut man es einige Zeit mechanisch, aber man wird zwangsläufig zu irgendeiner Zeit in das Gefühl hinein fallen. Wenn man immer wieder sagt: „Roti Bhagavan, roti Narayan" wird man sich weigern, unverschämt zu sein, weil man Gott nicht anschreien wird. Also bringt man sein Gottbewusstsein in den einfachen Akt des Essenservierens hinein. Auch einander mit „Om Namo Narayanaya, Om Namah Shivaya, Hari Om" zu grüßen mag mechanisch werden, aber bewusst, unbewusst oder unterbewusst bleibt man im Gottesbewusstsein. Swamiji schrieb jeden Tag einige Seiten, und die ersten Worte waren immer: „Om, Om, Om, Om, Om, Om, Om..." Wenn man das immer macht, werden die Alltagsgedanken gestoppt und man stimmt sich auf Gott ein. Swami Sivananda überprüfte immer Buchpakete und Päckchen bevor diese abgeschickt wurden, um zu sicher zu gehen, dass die Adressen korrekt waren. Jedes Mal, wenn ihm ein Paket gezeigt wurde, sagte er: „Om Tat Sat, Om Tat Sat, Om Tat Sat“ anstatt zu sagen „Richtig.“

Wenn man also will, kann man immer eine positive Methode verwenden, die diese besinnliche Gemütsverfassung hervorbringt. Obgleich alle diese Praktiken recht einfach erscheinen mögen, funktionieren sie. Die Wahrheit *ist* sehr einfach. Wenn man all diese einfachen Praktiken im Leben integriert, ist das sich summierende Resultat fantastisch. Swami Sivananda war sich so sicher, dass die ‚Gedankenkulisse' so großartig in ihrer psychologischen oder spirituellen Wirkung war, dass er sie für die Lösung aller Probleme im Leben empfahl. Ein sehr hoher nationaler Führer kam ihn einmal besuchen. Es waren also die zwei nationalen Führer — der eine politisch und der andere spirituell. Dieser Herr sagte: „Swamiji, ich werde dir jetzt ein Bild von der Weltsituation und der Situation in diesem Land geben.“ Fünfundvierzig Minuten lang hielt er den wunderschönsten Monolog — und er war brillant. (Swamiji unterbrach ihn nicht, abgesehen von einem „hm, hm“ ab und zu.) „Dies ist der Zustand der Welt. Sie steht kurz vor der Explosion. Und dies ist die Situation unseres Landes, es steht kurz vor dem Untergang.“ Dann fragte er: „Swamiji, ich habe dir ein Bild gegeben über, die Situation der Welt und die Situation in unserem Land, wie ich sie sehe. Was ist nun deine Lösung hierfür? Was schlägst du vor, dass wir tun sollten?“ Er machte sich bereit für eine Gegenrede von mindestens einer halben Stunde, aber Swamiji sagte nur „Wiederhole Ram Nam, das ist die einzige Lösung.“ Er entzog sich der Angelegenheit nicht, er meinte es ernst.

Was auch immer das Problem ist, es ist der Geist, der es schafft. Und er schafft das Problem, weil er das Fragment für die Totalität hält — eine *Vritti* (Gedankenwelle) für das ganze Bewusstsein hält. Wenn die Vritti einfach als Vritti gesehen wird, ist das Problem gelöst. Wenn man jetzt aufsteht und mich einen Narren nennt, macht das nichts – man ist wahrscheinlich wütend, und ein Wort der Kränkung bedeutet nichts — aber der Geist hört da nicht auf, er führt eine Menge anderer Dinge zusammen. Zum Beispiel: „Oh, dieser Mann ist unverschämt gewesen. Er hat mich schon vor sechs Jahren gekränkt. Er hasst mich immer, und ich bin schon immer zum Opfer gemacht worden." All das zusammen macht es zu einer Katastrophe. Erst ist da eine ungeheure Selbstachtung, dann ein Märtyrerkomplex und vielleicht eine Verbindung zu etwas, das er in der Vergangenheit getan oder nicht getan hat. All dies zusammen lässt das Wort ‚Narr' so groß wie das Universum erscheinen, dabei bedeutet es nichts.

Ist es möglich, jeden kleinen Teil von dem, was im Leben passiert zu isolieren und es so zu sehen wie es ist — ein winzig kleines Fragment, nicht wert, noch einmal angesehen zu werden? Wie ein Kinofilm bewegt sich dieses Ding weiter. Jeder Rahmen hat nur ein kleines Bild, und es gibt keine Bewegung darin, nichts Furchtbares. Wenn ich die Gegenwart — einen Gedanken, ein Gefühl, eine Erfahrung, ein Ereignis — als nicht mehr als eine Vritti ansehen kann, dann ist es einfach, sich damit zu beschäftigen. Es ist der Geist (mit all seinen Erinnerungen, Vorstellungen und so weiter), der es groß macht, es verstärkt. Man soll es beenden, indem man die ganze Zeit in dieser Gedankenkulisse verbleibt, in diesem Gottbewusstsein, in diesem Japazustand, in jener meditativen Verfassung — und nur für kurze Zeit daraus hervortaucht. Äußere Reize können einen 100.000 Mal am Tag aus diesem meditativen Zustand herausholen. Z.B. wenn ich mich sich in dieser besinnlichen Gemütsverfassung befinde und jemand fragt mich: „Swami Venkatesananda.," „Wie alt bist du?" „Neunundfünfzig." „Bist du verheiratet gewesen?"

„Nein." „Hast du Kinder?" „Nein." Fertig. Das hat Jesus auch gesagt: „Wenn dir jemand eine Frage stellt, lasse deine Antwort ja oder nein sein." Man ist nicht schroff oder unverschämt, sondern direkt. Komme hervor, arbeite und gehe zurück in deine Gedankenkulisse.

Wenn jede Erfahrung im Leben so angesehen und behandelt wird als das, was sie ist — erkannt wird als das, was es ist, ohne an die Vergangenheit, die Gegenwart und die Zukunft und den ganzen Rest geknüpft zu werden, dann wird es sehr einfach, sich mit allen Problemen im Leben zu befassen. Oder wahrscheinlich wird gar kein Problem auftauchen, weil man sich mit jeder Situation sofort auseinandersetzen kann. Man ist nicht unschlüssig. Eine Frage taucht auf, und man befasst sich direkt damit. Etwas muss getan werden, man tut es und geht zurück. Darum entsteht kein Problem. Wenn von jemand anderem ein Problem nahegebracht wird, kann man sich auch schnell damit befassen und sich zurückziehen. Ein Schlag und es ist getan. Wenn die Pandits während einer religiösen Zeremonie einen Kürbis schneiden, muss es in einem Schlag sein. Genauso mit den Problemen im Leben—ein Schlag, und das Problem muss zerstört sein. Nur wenn man sich nicht in dem Zustand des Gottbewusstseins befindet, entstehen Zögern und Zaudern: „Soll ich, soll ich nicht, ist dies richtig, ist das richtig?" Darin vergrößert sich das Problem tausendmal. Ich habe Swami Sivananda nie zögern sehen. Er mochte ein Problem überdenken, aber wenn es zur Tat überging, ging es schnell. Genauso war seine Antwort an den Politiker.

Es gibt die Meinung, dass Meditation unmöglich oder sogar gefährlich ist, wenn sie praktiziert wird, bevor man in Yama und Niyama (Ethik und moralische Disziplinen) begründet ist. Swami Sivananda akzeptierte die Doktrin, dass ohne diese keine ernsthafte Meditation möglich ist, aber ich glaube nicht, dass akzeptierte, dass es gefährlich war. Er hob mit

Humor hervor, (wann immer er eine sehr ernsthafte Aussage zu machen hatte, leitete er es auf eine lustige Art und Weise ein) dass man, wenn man mit dem meditieren wartet bis man in Yama und Niyama begründet ist, es auch gleich aufgeben kann, weil es für mehrere Leben lang nicht möglich ist, in Yama und Niyama standfest zu werden. Selbst in einer Disziplin Fuß zu fassen (zum Beispiel *Ahimsa* (Nichtverletzen)) mag einige Leben dauern, *Satyam* (Wahrheit) mag einige weitere Leben dauern, und währenddessen mag Ahimsa verschwunden sein! Orthodoxer Tradition zufolge ist man in einer dieser Yamas (oder Niyamas) begründet, wenn man es ununterbrochen für eine Periode von zwölf Jahren praktiziert hat. Wenn man also Ahimsa praktizieren will, muss man für eine Zeit von zwölf Jahren vollkommen gewaltfrei in Gedanke, Wort und Tat sein. Wenn man es für elf Jahre und elf Monate getan hat und einen dann plötzlich eines Morgens ein Moskito beißt und man es erschlägt, ist Ahimsa weg. Dann muss man von da noch einmal mit zwölf Jahren anfangen! Wie lange würde es für jemanden dauern, sich in einer dieser Tugenden zu begründen? Swami Sivananda hob also hervor, dass man, anstatt mit dem Praktizieren von Asanas, Pranayama, Pratyahara und so weiter zu warten bis man in all diese Voraussetzungen erfüllt, viel besser alles gleichzeitig praktiziert. Vernachlässige nicht Yama, Niyama, aber praktiziere gleichzeitig etwas Japa, Meditation, Pranayama und Asana. Ein wenig von allem. Es ist möglich, dass eins dem anderen hilft und man in Harmonie wächst. Das war seine Ansicht.

Swami Sivananda widersprach der orthodoxen Tradition nicht. Tatsächlich ist es so, dass die meisten seiner Bücher sich an die orthodoxe Tradition anlehnen, obwohl auch dort sein eigenes Genie zu finden ist, sein besonderer Stempel — welcher daraus bestand, den geistigen Sinn zu finden, während er sich an die Tradition hielt, die traditionellen Praktiken mit dem Verstand der Weisheit, des Yoga zu erfüllen. Dann ist es einem möglich, sich in allen Aspekten gleichzeitig zu entwickeln, harmonisch. In all diesen Praktiken wird das Verstehen äußerst wichtig. Weder Karma Yoga, Bhakti Yoga noch Praktizieren von Yama, Niyama, Asanas, Pranayama und Samadhi können mechanisch getan werden. Alle müssen sie auf intelligente Weise ausgeführt werden, mit einem enormen Verständnis -Verständnis ihres Sinns und ihrer Bedeutung, und Verständnis im Sinne von der wachsamen Beobachtung eines aufsteigenden Motivs. Nichts davon tut man aus einem spezifischen Motiv, zu einem Zweck oder für ein Ziel.

Man sagt, dass Gottverwirklichung das Ziel des Lebens ist (Swamiji gebrauchte auch diesen Ausdruck), aber wenn man versteht, was es bedeutet, wird man erkennen, dass es überhaupt kein Ziel ist. Was ist Verwirklichung? *Materialisation* ist, wenn jemand Magie vorführt und ein Objekt *materialisiert*, zum Beispiel winkt er mit der Hand, und es fällt Asche von seinen Fingern — was wiederum bedeutet, dass es die Asche auf geistiger Ebene gab und er sie materiell gemacht hat. Das, was nur geistig, unsichtbar war, ist materialisiert worden. Was bedeutet nun auf die gleiche Weise ‚verwirklicht'? Das, was nicht wirklich war, ist wirklich geworden, ist wirklich gemacht worden. Aber wenn man von Gottverwirklichung redet, geht man davon aus, dass Gott nicht wirklich ist, und dass während man sitzt und meditiert, Gott wirklich *wird*? Nein, offensichtlich nicht. Gott ist die ganze Zeit wirklich. Aber wenn man seine Gedanken, Worte und Taten beobachtet, wenn man die Erfahrungen im Leben beobachtet, sieht man, dass sie nicht die Allgegenwart Gottes widerspiegeln. Wenn man *wüsste*, dass Gott wirklich ist, würde man sich dann so verhalten, wie man es tut? Würde man das Leben so betrachten, wie man es tut? Nein, Handlungen im Leben, Gedanken, Worte und Taten machen es klar, dass man nicht fühlt, nicht weiß, dass Gott wirklich ist. Man *akzeptiert* nicht einmal, dass Gott wirklich ist. Da ist also diese Nichtakzeptanz der Wirklichkeit, da ist das Nichtsehen der Wirklichkeit, da ist das Nichtkennen der Wirklichkeit, da ist die Ignoranz der Wirklichkeit. Das Entfernen dieser Ignoranz ist Gottesverwirklichung, es ist nicht so, dass man Gott wirklich machen kann. Für einen selbst ist Gott im Moment unwirklich, weil die Wirklichkeit vom Schleier der Ignoranz verdeckt ist. Das Entfernen des Schleiers der Ignoranz ist Gottesverwirklichung. Wenn es zum Beispiel sehr dunkel ist und man diesen Raum betritt, dann sieht man keine Tische. Wenn das Licht angemacht wird, kann man die Tische sehen. Das Anschalten des Lichts repräsentiert Yoga. Das Anschalten des Lichtes erschuf nicht die Tische, es enthüllte nur die Wirklichkeit, die die ganze Zeit da war. Darum kann und darf Gottesverwirklichung nicht ein Ziel sein. Darum bedeutet Verstehen dessen, was man tut, nicht, das Motiv seiner Handlung zu verstehen sondern das innere Licht zu sehen, welches den Schatten der Motivation daran hindert aufzusteigen.

Yoga hat überhaupt kein Ziel. In den Yoga Sutras legt Patanjali nahe, dass was auch immer man tut nur ein Versuch ist, die Blockade im freien Fliessen des Bewusstseins zu entfernen. In der Bhagavad Gita empfiehlt Krishna im Kapitel IV auch „Man sollte Yoga zum Zwecke der Selbstreinigung praktizieren." Wenn man sich selbst reinigt, steht die Wahrheit enthüllt, die die ganze Zeit besteht, überall (und auch in dir), ohne jede Schwierigkeit. Dieser Yoga sollte auf allen Ebenen, zu jeder Zeit praktiziert werden. Es ist nicht etwas, das auf einen Tag in der Woche oder eine Stunde am Tag begrenzt werden kann, sondern es sollte während unseres ganzen Lebens praktiziert werden. Und das war die Lehre des Swami Sivananda.

DER WEG DES EGO

Wenn jemand mit Sadhana beschäftigt ist, entstehen die folgenden Fragen sehr oft: Ist es so notwendig, sich damit zu beschäftigen, was als Sadhana bekannt ist — Japa, Meditation, Kirtan und Satsang? Ist es nicht genug, selbstlosen Dienst, unegoistischen Dienst zu leisten? Ist es nötig, formal zu verehren? Ist es nicht ausreichend, wenn man meditiert und etwas Japa macht? Auf diese Art nimmt man an, dass die eine oder andere Form von Sadhana den anderen notwendigerweise über- oder unterlegen ist, mit dem Resultat, dass man, sobald man versteht, welches wichtiger ist als das andere, das angenehmere wählen und tun kann — und das nicht so wichtig erscheinende weglassen kann. Es gibt hier einen brillanten Haken — die Wahl, der Vergleich wird vom Ego gemacht, und es ist das Ego, welches all dieses Sadhana zu vollführen scheint.

Das endgültige Wort, die ultimative Wahrheit, ist in der Bhagavad Gita wunderschön ausgedrückt:

Ishvarah sarvabhutanam hriddese'rjuna tishthati (XVIII.61)

„Gott wohnt im Herzen aller" — normalerweise sagt man Wesen, aber im Text steht es nicht so. ‚Bhutas' mag sogar die fundamentalen Elemente von Wasser, Feuer, Luft und Äther bedeuten. Dieser Vers mag bedeuten, dass Gott genau im Herzen, genau im Kern oder genau im Zentrum ebendieser Elemente wohnt, so dass Gott die Wahrheit in allen Dingen ist. Das Problem löst sich dann in etwas sehr einfaches auf, obgleich die Art der Formulierung der Frage „Wenn Gott allgegenwärtig ist, warum erfahren wir Ihn nicht?" eine Tragödie ist. In diesem ‚wenn' ist schon ein Zweifel. Wenn Gott allgegenwärtig ist, warum erfahren wir Ihn nicht die ganze Zeit? Warum gibt es nicht nur die Verschiedenheit, sondern auch noch eine Verwirrung in dieser Verschiedenheit? Verschiedenheit selbst ist kein großes Problem — beispielsweise hat das Haar auf dem Kopf viele verschiedene Strähnen, aber das ist kein Problem, weil man das Gefühl hat, dass der Kopf eins ist, und darum wird das Haar, das auf dem Kopf wächst, zusammengefasst als eins bezeichnet. Doch im Leben verursacht diese Verschiedenheit Verwirrung. Der Erschaffer der Verwirrung ist das ‚ich', das Ego. Man hat sich nie darum bemüht, es zu untersuchen oder darüber nachzudenken, denn auch der Untersuchende wird zum Ego. Dies ist die Tragödie.

Es scheint kein zuverlässiges Sadhana zu geben, um dieses Ego loszuwerden. Man mag sehr leicht sagen: „Sei gut, tu gutes, das Ego wird verschwinden. Dies ist das höchste Sadhana." Vielleicht. Ist gut zu sein und Gutes zu tun so einfach, wie diese Worte sich anhören? Irgendwo anders steht „Das ist nicht genug, man muss Yama und Niyama entwickeln, dann wird das Ego verschwinden, und man gelangt in tiefes Nirvikalpa Samadhi." Brillante, hochtönende Aussprüche! Wenn man irgendein einfaches Textbuch über Yoga liest, das nur die Grunddefinitionen von Yama und Niyama enthält, mag man entdecken, dass sie missinterpretierbar sind. Was ist Ahimsa? Was ist Satyam? Einer unserer Kollegen war oft unverschämt und liebte es, Menschen zu verletzen. Wir fragten ihn: „Warum tust du das?" Er sagte: „Ihr Leute seid diplomatisch, und ich bin sehr aufrichtig. Ich verstecke nichts. Wenn ich meine, du bist ein Dummkopf, dann sage ich es dir." Das ist nicht aufrichtig, das ist unverschämt! Das ist nicht Satyam, das ist Himsa. Wenn man beispielsweise von Gottes Gnaden sicher sagen kann, dass man viele Jahre lang ein wahrheitsgetreuer Mensch gewesen ist, dann wird man so eitel und arrogant, dass das Ego wunderbar wächst anstatt eliminiert zu werden.

Es wird gesagt, dass während der Mahabharata-Zeit der Held des Tages, *Yudhishthira* (König), niemals eine Unwahrheit geäußert hat und Krishna selbst ihn hat eine Notlüge sagen lassen. Wenn nicht Yudhishthira dazu verführt worden wäre, diese einfache Notlüge zu sagen, wäre er wahrscheinlich recht stolz auf sich selbst. Es ist besser, eine kleine Lüge erzählt zu haben und etwas bescheiden zu sein als ein Satyamurti und arrogant! Man gerät da hinein und vergisst, warum man diese Disziplinen überhaupt angefangen hat, denn selbst die Disziplin wird vom Ego übernommen. Das Argument ist, dass durch das Begründen in diesen Yamas das Herz gereinigt ist, und dann zerstreut die göttliche Gnade das Dunkel des Egos. Vielleicht, bevor man zu dieser Stufe gelangt, wird das Ego so groß, dass die frühere Idee völlig vergessen ist.

Ähnlicherweise denkt man, dass Jnana Yoga das Richtige zu praktizieren ist. Um Jnana Yoga zu praktizieren, muss man sich mit *Sadhana-chatushtaya* (4 Prinzipien spiritueller Übung), *Viveka* (Unterscheidungskraft) und *Vairagya* (Leidenschaftslosigkeit) und so weiter ausstatten. Dieses Viveka wird zu einer Art intellektueller Gymnastik, weil es heißt, dass man zwischen wirklich und unwirklich unterscheiden soll. Das ist ganz richtig, aber (es gibt immer ein aber) Unterscheiden zwischen wirklich und unwirklich teilt auch immer alles, und das Ego ist der Teiler. Sowohl die Bhagavad Gita als auch die Yoga Sutras klassifizieren Vairagya und *Abyasa* (beständiges Üben) als von höchster Wichtigkeit. Vor langer, langer Zeit begab ich mich einmal nach Uttarkashi und traf einen sehr großen *Avadhuta* (Mensch, der frei von Anhaftung ist) dort, der fast nie sprach. Irgendwie gelang es Chaitanyananda Swamiji und mir, ihn zum Sprechen einiger weniger Worte zu bringen, und das Thema von Vairagya und Abhyasa kam zur Sprache. Er sagte etwas sehr Schönes. „Abyasa ist, Brahman gewahr zu werden, zu erkennen, dass Brahman allein wirklich ist. Vairagya ist, die Welt nicht zu sehen." Zwei großartige Sätze. Man soll sich die ganze Zeit an Brahman erinnern und die Welt vergessen. Wunderschön, aber etwas damit anzufangen ist fast unmöglich. Das Praktizieren von Abyasa und Vairagya kann einen dazu bringen, eine mürrische, sture Persönlichkeit zu werden. Ist das die Art von Vairagya, die man will? Wenn man sich auf diese Weise von allen anderen abschneidet, wird das Ego so groß wie ein Berg werden.

Wie entsteht Erleuchtung? Wie entsteht die Erkenntnis „Gott wohnt in allen Wesen" in solch einem Herzen? Es ist nicht möglich. All diese sind wunderschön und haben ihre eigene wunderbare Bedeutung, aber es ist eine Sache, es intellektuell zu verstehen, und eine ganz andere, es zu verwirklichen. Wer tut all dies? Wieder das Ego. Es ist das Ego, das denkt „Ich tue selbstlosen Dienst, damit ich mein Herz reinigen mag oder in den Himmel komme", und dann erkennt man, dass es diese Motivation ist, die zur Unreinheit des Herzens beiträgt. Wie Swami Krishnanandaji wunderschön sagte: „Karma Yoga ist nur für einen Jivanmukta möglich." Karma Yoga ist also weniger ein Sadhana, sondern mehr eine post-Siddhi Handlung. Es ist das *Lokasamgraha Karma* (Karma der ganzen Welt) eines *Jivanmukta* (lebendig Befreiter). Aber was ist nun mit uns? Man soll doch auch Karma Yoga praktizieren mit all seinen Unvollständigkeiten, die vom Ego eingebracht werden. Man kann Bhakti praktizieren, man kann in den Tempel gehen und Tag und Nacht Puja machen, aber da ist trotzdem wieder das Ego. Man kann sitzen und meditieren, wieder ist es das Ego, das meditiert. Gibt es ein Sadhana, das sich direkt mit dem Ego beschäftigt? Gottes Gnade, ja, und wie verdient man die Gnade Gottes? Man ist sofort wieder auf Feld eins angelangt. Man muss Gottes Gnade verdienen. Und irgendjemand sagt, dass Gottes Gnade Seine Gabe ist, Gott ist nicht parteiisch, Gott sieht nicht Gutes und

Schlechtes und belohnt einen, sondern seine Gnade ist vollständig frei. In der Bhagavad Gita sagt Krishna auch „Um der reinen Liebe willen gewähre ich meinem Schüler Wissen. Ich gebe es aus Liebe, nicht weil er es verdient hat." Wenn man sich sagen hört „Gut. Oh Gott, bitte gewähre mir deine Gnade aus Deiner eigenen Liebe heraus, ich werde überhaupt nichts tun." Entweder man handelt selbst oder man handelt nicht selbst — die ganze Zeit erhebt sich das Ego und übt seinen Willen aus, selbst bei dem Versuch, dass man das Ego loszuwerden.

Man mag sogar einen großartigen Lehrer aufsuchen und sein hingegebener Schüler werden und ihm hingebungsvoll dienen. Noch einmal erhebt sich dieses Ego. Ob man es nun offen ausspricht oder nicht, zumindest im Inneren gratuliert man sich dazu, dass man den großartigsten Meister auf der Erde hat, weil „Man ihn dazu erklärt." Wieder dasselbe Ego.

Trotzdem ist Gott (das Selbst oder Brahman) allgegenwärtig, und es sollte überhaupt nicht schwierig sein, das zu erkennen, weil es wirklich ist — und wirklich allgegenwärtig. In der *Yoga Vashishta* (Schrift der Yogis) und einigen anderen Schriften steht, dass Selbstverwirklichung leichter ist als eine Blume zu zerdrücken, die in der Hand liegt. Um das zu tun, muss man seine Hand schließen und etwas tun, aber um Brahman zu erkennen, ist kein solches Tun notwendig. Swami Krishnanandaji Maharaj hob auch hervor, dass man nur spirituell schläft. Diese Welt und ihre Unglücklichkeit und Misere, ihre Sünde und Kummer, existieren nur in Träumen. Man befindet sich in diesem tiefen Schlaf der Ignoranz und erfährt diesen Traum genannt ‚die Welt der Sünden und des Leidens'. Wie kann dieser Traum beendet werden? Dieser Traum kommt zu einem Ende, wenn man aufwacht, aber wie weckt man sich selbst? Dieselbe Frage kann über Yama und Niyama gestellt werden. Wie weiß man, was Ahimsa ist, und wie praktiziert man es? Wie weiß man, was Satya ist, und wie praktiziere man es? Ohne dass das Selbst oder das Ego diese Disziplinen interpretiert, sie definiert, wie weiß man da, was Gott ist, wie weiß man, was es bedeutet, Gott zu verehren und seine Gegenwart zu spüren? Wir benutzen all diese hübschen Ausdrücke, und wir beglückwünschen uns, dass wir all diese Sachen verstanden haben, ohne zu erkennen, dass es das Ego ist, das all dies interpretiert, es ihm recht gut geht und es sicher ist, dass die Wahrheit verstanden worden ist, und es erwartet, dass ihm Erleuchtung in den Schoß fällt. Wie weckt man sich selbst auf, wenn man fest schläft? Dies ist das Problem.

Dieses Spiel des Egos durchzieht das ganze Leben. Alles, was getan wird — heilig oder weltlich — wird vom Ego getan. Selbst wenn man scheinbar selbstlos ist, handelt das Ego. Es ist uns möglich zu beobachten: „Dies ist selbstsüchtig, es gibt da ein Motiv, obwohl es nicht so schlimm ist, wie es mal war, ich war schon viel selbstsüchtiger." Es ist also möglich, dass es einen Unterschied im Grad unserer Selbstsucht gibt. „Nach meiner Meinung bin ich nicht so furchtbar selbstsüchtig wie ich mal war oder wie andere sind, aber ich bin selbstsüchtig. Ich verehre Gott im Tempel, aber ich bin auf jeden Fall eitel, egoistisch. Ich kann drei Stunden lang in der Meditation sitzen, aber ich bin sehr stolz darauf. Ich bin gelehrt, Sinnesvergnügungen ziehen mich nicht an, und darüber bin ich sehr froh." All dies ist nichts anderes als das Spiel desselben Egos. Das Ego in dem einen Mann sagt „Ich bin ein wohlhabender Mann", und das Ego in einem anderen sagt „Ich bin eine sehr rechtschaffener Mensch." Genau dasselbe Ego. Der Unterschied ist akademisch und willkürlich, verbal.

Die innere Intelligenz, in welcher das Ego sich widerspiegelt, kann sich dessen bewusst werden. Wenn die innere Intelligenz dies sieht, wenn diese Bewusstheit da ist, entsteht ein unglaublicher Schmerz, und das Herz vergießt Tränen von Blut, unfähig, das Problem zu lösen. Im Bhakti nennt man dies *Viraha*, aber es kann passieren, ob wir nun Bhaktas, Jnanis, Karmayogis oder Rajayogis sind. Unglaublicher Schmerz entsteht. Dein Herz weint: „Mein Gott, was soll ich machen? Ich kann es nicht loswerden, ich kann damit nicht umgehen." Wenn diese Lage erreicht worden ist, dann lernt man den Satsang schätzen, dann schätzt man den Dienst am Lehrer. Man dient dem Lehrer ohne Motiv, die ganze Zeit die einfache Wahrheit beobachtend, dass man selbstsüchtig ist. Das ist alles, was sehr klar beobachtet werden kann. Man benimmt sich hier wie ein sprichwörtlicher Chatakavogel. Es heißt, dass der Chatakavogel nur Regenwasser trinken kann — nicht irgendwelches Regenwasser, sondern Regenwasser, das an einem bestimmten verheißungsvollen Tag vom Himmel gefallen ist. Für den Rest des Jahres verharrte er mit offenem Schnabel, auf diesen einen Tropfen Regenwasser, der an einem glückverheißenden Tag fallen sollte, um seinen Durst zu löschen. So kommt man her und nimmt am Satsang teil und hofft, dass durch die wunderbare Gnade Gottes oder des Meisters jemand das Ego aus- und die Erleuchtung anschalten möge.

Das Ego ‚geht nicht weg' durch bloßes Ersetzen des ‚ich' durch eine Kosebezeichnung. Solange wie der Körper lebt und der Geist im und durch den Körper funktioniert, wird das, was als Ego oder die Persönlichkeit bekannt ist, sich erheben und bestehen. Dieses Ego oder die Persönlichkeit ist keine permanente und unzweifelhafte Realität. Es ist ein zeitweiliges Phänomen. Es ist Ignoranz, die es mit Beständigkeit ausstattet. Es ist ein Konzept. Es ist Ignoranz, welche es auf den Status der Realität erhebt.

Es ist unnötig vorzugeben: „Das Ego ist überhaupt nicht da." Es ist dumm und ignorant zu behaupten „Es ist real da." Die Intelligenz, die erkennt, dass es nur ein Konzept ist, ist erleuchtet und sich der Realität bewusst.

Als Erleuchteter sah Swami Sivananda ein Konzept nur als ein Konzept und betrachtete es nicht als Realität. Zum Beispiel hatte er einen Namen—‚Swami Sivananda'. Er lehnte nicht ab, unter diesem Namen bekannt zu sein. Aber er erlaubte auch nicht, dass der Name mit seinem spirituellen Kern eng verknüpft wurde. Auf die gleiche Weise konnte er, wenn er Lob und Kritik ausgesetzt war, die vorgelegten Fakten und die Bezugnahme zu dem Namen und dem Konzept (welches nur funktionale Realität hatte) als nicht mehr als was es war und darum ohne Bezug zu seinem Kern oder seiner Wahrheit, erkennen. Ich erinnere mich an drei Begebenheiten: während des Parlaments der Religion wollte ein Swami Zeit bekommen zu sprechen. Es war Swami Sivananda, der die Einsprüche der Organisatoren zurückwies und ihm Zeit gewährte. Der Swami sprach, nicht von Religionen oder deren Kern, sondern gegen Swami Sivananda, der englisch sprach und schrieb während er im hindusprachigen Nordindien lebte. Der Ausdruck auf Swami Sivanandas Gesicht, während er dieser Rede zuhörte, war eine Mischung aus intensiver Aufmerksamkeit (für das, was der Swami zu sagen hatte) und Vergnügen. Er schrieb die Fakten, die der Swami vorlegte, auf: aber persönliche Angriffe auf ‚Swami Sivananda' bedeuteten nichts, weil für Swami Sivanandas nur ein funktionaler Name war, der einstweilen angenommen wurde ohne entsprechende Realität.

Als eine Würdenträgerin den Ashram besuchte und von der Ashrampresse herausgegebene Publikationen von Biographien scharf kritisierte, hörte ihr Swami Sivananda auf ähnliche Weise sehr aufmerksam und mit einem von seinem Gesicht ausstrahlenden Segen zu und antwortete: „Das hat Sie hierher geführt, denke ich." Sie hatte ein Argument vorgebracht, auf das er antworten musste. Die Kritik an seiner Person war eine Zeitverschwendung, und darauf zu antworten wäre noch mehr Zeitverschwendung. Für ihn existierte es als Fakt nicht.

Selbst wenn einer von Swamijis eigenen Schülern ihn kritisierte, sich darüber beschwerte, dass das Essen unausgewogen und ungesund war, hörte er mit großer Aufmerksamkeit und Geduld zu und bat schließlich einen der Ashrambewohner, für den sich beschwerenden Schüler extra zu kochen. Die persönlichen Bemerkungen ignorierte Swami Sivananda. Und er war niemals freudig erregt, wenn jemand den Ruhm Swami Sivanandas besang — Swami Sivananda war ein Name, welcher nur funktionell wichtig war. Aber in der Kritik und dem Lob waren verborgene Tatsachen, die er nie unbemerkt vorübergehen ließ.

Die Wahrheit zu suchen bedeutete für ihn nicht, nach einer Art Wahrheit zu suchen, die von dem, was *ist*, verschieden ist. Ein Konzept als Konzept zu erkennen, einen Namen als Namen und weiter nichts, ist an sich die Realität. Wenn dies verwirklicht wird, dann wird die Realität des von Namen und Konzepten unabhängigen Bewusstseins erkannt.

SELBSTLOSIGKEIT

Wenn man alles, was bisher diskutiert wurde, praktiziert — etwas Dienen, Nächstenliebe, Studium der Schriften, Japa, Kirtan und Meditation — und man auf eigene Weise danach strebt, die tugendhaften Qualitäten, die unter den Überschriften Yama und Niyama aufgezählt sind, zu entwickeln, wird man dann Selbstverwirklichung erreichen? Wird man Erleuchtung oder *Moksha* (Befreiung) erreichen? Wird man frei sein? Wenn nicht, warum nicht?

Letztendlich wird alles, was man tut, vom Ego getan. Wie wird das Ego eliminiert? Oder wie eliminiert das Ego sich selbst? Durch viel Handeln wird man mit Sicherheit ein besserer Mensch, da gibt es keinen Zweifel, aber es gibt das sehr angenehme Risiko, dass man eine sehr *sattwige* (reine) Person mit einer sattwigen Verhaftung wird. Man wird mit goldenen Ketten gebunden sein, nicht eisernen oder selbst kupfernen oder silbernen aber man wird trotz allem gebunden sein.

Es gibt eine andere feine Gefahr darin. Wenn ein normaler Mensch sich egoistisch verhält, wird er von dem einen oder anderen darauf hingewiesen. Aber wenn man diese ockergelben Sachen anzieht und ein Swami wird und egoistisch ist, werden die Leute einen verehren. „Oh, sieh, mit welcher Autorität dieser Mann redet." Wenn man rüde und unhöflich ist, sagen sie: „Das ist ein sehr strenger Mensch. Er bildet uns mit solcher Disziplin aus." In dem Augenblick, wo man diese Sachen anzieht, bekommt man eine brillante Zulassung!

Selbst wenn man *sattwig* (rein) lebt und all diese spirituellen Praktiken macht, gibt es keine Garantie dafür, dass man dadurch Selbstverwirklichung erreicht, weil Selbstverwirklichung kein Resultat oder eine Auswirkung ist, die durch eine Ursache hervorgerufen werden kann. Es heißt *Nastyakritah kritena*, „Das, was nicht die Wirkung einer Ursache ist, kann durch keine erdenkliche Ursache oder Methode erreicht werden." Man kann sich beispielsweise nicht einschlafen lassen. Wenn der Schlaf kommt, überwältigt er einen. Man kann ins Bett gehen, aber der Schlaf muss aus seinem eigenen süßen Willen und Vergnügen kommen. Deshalb erklärt die *Kathopanishad* (heilige Schrift) *Nayamatma pravachanena labhyo na medhaya na bahudha srutena*—„Dieser Atman (Selbstkenntnis) kann nicht durch vieles Reden darüber, durch Intelligenz oder das Hören von vielen Vorträgen, erreicht werden."

Wie wird Atmajnana (Selbstkenntnis) erreicht, wenn man es überhaupt erreichen kann? *Yamavaisha vrunute tena labhyah tasyaisha atma vivrunute tanum savm*—„Nur wenn der Atman oder Gott es will, wirst man Atmajnana erreichen, weil Gott Sich enthüllen muss." Es ist nicht der Mensch, der Gott erkennt, sondern Gott kann nur sich selbst erkennen. Man nehme eine Mala und sage: „Nur Gott kann sich selbst erkennen" als Mantra eintausendundacht Mal, und eine neue Wahrheit wird im Herzen entstehen—„Gott, ich kann gar nichts tun." Diese Wahrheit muss hervortreten. Es hat keinen Nutzen, das zu sagen, nur weil man faul ist und nichts tun will. Ich hoffe, der Unterschied zwischen diesen beiden wird klar! Zum Beispiel weiß man solange nicht, ob man den Tisch vor sich hochheben kann, bis man es versucht. Bevor man also sicher sagen kann: „Ich kann nicht", muss man sein äußerstes versuchen. Was da sagt: „Oh, ich kann das nicht tun. Gott, bitte tu es", ist reine Faulheit. Sadhana (alles, was wir bisher erörtert haben) heißt, sein äußerstes zu geben. Man hat es versucht. Man hat meditiert, Japa gemacht, Asanas usw., mit dem Ziel, Selbstverwirklichung zu erreichen. Was auch immer das Ego tut vermehrt nur noch die Anzahl der Schleier, die das Selbst verhüllen. Darum steigert sich die Behinderung dieser Vision. Am Ende all dessen erkennt man, dass das Ego stärker und stärker und stärker wird, dass alles, was man tut, das Ego füttert.

Selbstverwirklichung ist nichts als die komplette und absolute Abwesenheit des Selbst oder der Selbstsucht. Man kann nicht wissen „Dies ist das Selbst", weil Selbst kein Objekt sondern ein Subjekt ist. Aber man kann ganz sicher wissen, was Selbstsucht ist. Ich sage nur, man *kann* wissen, nicht, dass man es auch wirklich *weiß*. Die meisten selbstsüchtigen Leute denken, sie sind sehr selbstlos, sehr unegoistisch. „Ich tue es nicht für mich selbst, ich tue es um Gottes willen." Oder: „Ich tue es um der Menschheit willen, der Nation willen, meiner Gemeinschaft willen." Wenn man an der Oberfläche kratzt, findet man dasselbe Ego, dieselbe Selbstsucht. Es gibt Ärzte und Krankenschwestern in der ganzen Welt, die so tun, als täten sie selbstlosen Dienst an den Kranken, aber würden sie all dies tun, wenn sie weder Geld noch einen Namen dadurch erhielten? Yogis sind dafür da, um von Yoga und Vedanta zu berichten und der Menschheit selbstlos durch sich zu dienen. Würden sie all dies noch tun, wenn ihr Glück oder ihre Ehre oder Sicherheit auf dem Spiel stünden?

Selbstlosigkeit ist keine einfache Angelegenheit, und es kann nicht erkannt werden — aber Selbstsucht kann erkannt werden. Wenn man sich selbst aufmerksam beobachtet und erkennt, dass so sehr man auch vorgeben mag, dass das, was man tut, nicht selbstsüchtig ist, ist es doch selbstsüchtig. Man wird nicht dafür bezahlt, das zu tun. Es macht nichts. Nahrung, Kleidung, Wohnung und medizinische Einrichtungen und was sonst noch benötigt wird steht zur Verfügung. Man könnte also sagen, dass man keinen Lohn oder kein Gehalt für das bekommt, was man tut, aber das ist nicht notwendig. Es mag trotzdem noch Selbstsucht geben — man will beschützt sein, sicher, gewürdigt, bewundert, man will eine Art Würdenträger werden. All das könnte Selbstsucht sein! Wenn selbst das umgangen werden könnte, dann suchte man vielleicht nach dem Himmel. (Man ist darauf vorbereitet, hier ein paar Tage zu leiden und dann in den Himmel zu kommen.) Oder, wenn selbst das verhindert werden kann, sucht man immer noch nach Erleuchtung. Es ist das ‚ich', das all das tut, es ist das Spiel des ich, des Ego-Selbst. Kann man das sehen? Auf dieselbe Art kann man sehen, dass selbst beim Gebet an Gott es wieder das Spiel des Selbst ist — weil die Beziehung zu anderen, und die Handlungen, das Verhalten, die Gedanken, Worte und Taten immer noch durch Lust, Wut, Gier, Neid, Eifersucht, Egoismus und Hass gekennzeichnet sind. Ist es uns möglich zu sehen, dass alle unsere Handlungen durch diese Übel, welche die Aktivitäten des Selbst sind, behaftet sind?

Wenn es möglich ist, diese in uns zu erkennen, dann mag es möglich sein, sie loszuwerden. Was ist es, das all diese Qualitäten loswird? Das ist auch das Ego-Selbst. „Ich möchte all diese üblen Qualitäten in mir loswerden, so dass ich Gottesverwirklichung erreichen mag." Das Bewusstsein also, dass alle diese rajasigen und tamasigen Eigenschaften der Lust, Wut, Gier, Furcht und dem ganzen Rest loswird, bleibt verwirrt zurück! „Ich kann all dies tun — ich kann rein werden in Gedanke, Wort und Tat, in meinem Verhalten, in allem. Mit anderen Worten, ich kann sozusagen vollständig sattwig werden. Es ist nicht unmöglich. Ich kann vollständig sattwig werden ... das ist alles. Wohin gehe ich von hier?"

Das Bewusstsein, das all diese Umwandlung wahrgenommen hat, bemerkt plötzlich die zerschmetternde Wahrheit, dass das ‚ich', das Ego-Selbst, noch da ist. Dasselbe Ego-Selbst, das vor einigen Jahren dachte: „Ich bin ein schlimmer Mensch", denkt jetzt: „Ich bin ein frommer Mensch." Vor ein paar Jahren dachte man: „Ich bin Herr Soundso", jetzt denkt man „Ich bin ein Swami Soundso." Das ist sehr, sehr einfach. Wenn man ein Objekt in deiner Hand hält und man diese Seite nicht mag, dreh man es zur anderen Seite, welche sauberer, hübscher, gut anzusehen ist. Man hat es umgedreht, aber erinnert sich, dass die andere (erste) Seite noch immer da ist! Sie ist nicht weg. Man war einmal ein schlimmer Mensch, und man hat es nicht gemocht, also hat man Kehrt gemacht und ist ein guter Mensch geworden. Es dauert nicht einmal so lange, wieder ein schlimmer Mensch zu werden, weil die andere Seite immer noch da hängt. Es gibt unzählige Geschichten in den Puranas, die das illustrieren. Swami Sivananda machte einmal sehr schön auf diese Wahrheit aufmerksam. Er schrieb gerade ein Buch mit dem Titel „Ashrams und Heilige in Indien“, und darin hatte er mit fantastischem Erinnerungsvermögen eine Liste aller prominenten Heiligen, Swamis, Yogis und Frommen in Indien herausgearbeitet. Er widmete jedem von ihnen eine Seite — mit einer kurzen Biographie und ihrer Arbeit. Er hatte selbst eine Liste und hakte einen nach dem anderen ab. Dann kam der Name eines Swamis, der lange Zeit ein Yogi und Heiliger war, aber dann plötzlich heiratete und so alles, was er getan hatte, verließ und etwas anderes anfing. Ich stand neben Swamiji, als er sagte: „Was ist mit diesem Mann? Er war ein großartiger Yogi. Dann heiratete er und … egal, ich werde seinen Namen mit aufnehmen. Ein guter Mensch wird schlecht. Ein schlechter wird gut. Das wechselt sich dauernd ab. Es sollte uns nicht beeinflussen oder berühren.“ Dasselbe, als ein Swami, der sein eigener Schüler gewesen war und mit ihm im Streit auseinander gegangen war und etwas sehr niederträchtiges getan hatte, vom Ashram weggegangen war und 1948 zurückkam. Swami Sivananda saß in der Nähe seines Zimmers, und als ich heraufkam, sagte er: „Soundso ist gekommen.“ Ich sah ihn nur an. „Er ist ein großer Mann. Hat dir jemand erzählt, was er getan hat?“ Ich sagte, „Ja, Swamiji, ich habe davon gehört.“ „Hm, der Mann mag niederträchtig gehandelt haben, aber die Menschen verändern sich. Er mag sich verändert haben. Lass uns ihm eine neue Chance geben.“ Aber später stellte sich heraus, dass er wieder niederträchtig war und ging. Man denkt, dass man von einem rajasigen oder tamasigen Zustand in einen sattwigen Zustand wechselt, aber der andere Zustand existiert noch. Das Bewusstsein wird sich dessen bewusst.

Es gibt einen äußerst feinen Sprung vom Objektbewusstsein zum Subjektbewusstsein. Das heißt, man sieht die ganze Zeit etwas an, man sieht sich als Objekt an. „Ich war ein rajasiger Mensch, ein tamasiger Mensch, jetzt bin ich ein sattwiger Mensch." Es ist immer noch Objekt. Die Aufmerksamkeit muss plötzlich in das Selbst zurückspringen, das Selbst bleiben. Das Bewusstsein muss plötzlich erstarren und sich seiner selbst bewusst werden oder nur Bewusstsein sein.

Das ist durch eigenes Bemühen nicht möglich sondern muss durch Gnade geschehen. Alles was wir bisher erörtert haben, ist für jeden möglich, aber dieser letzte Sprung von der Objektivierung zum ‚Sein' als Subjekt ist durch menschliches Bemühen nicht zu tun. Allein Gnade hilft weiter. Darum ist dieser Zustand nicht beschrieben. Selbst Swami Sivananda weigerte sich, ihn zu beschreiben. Das muss erfahren werden, oder die Erfahrung muss entstehen. Im Shrimad Bhagavatam gibt die äußerst inspirierende Geschichte von Jada Bharata, der, während er seinen Lieblingsschüler Rahugana lehrt, sagt: „Dieses Wissen, das ich dir beschreibe, entsteht nicht durch das Studium oder dadurch, dies oder jenes zu tun oder selbst, dem Haushälterleben zu entsagen und ein Mönch zu werden oder ein Asket." All dies sind Hilfen, aber „das einzige, das dich wirklich befähigen wird, es zu erfahren, ist, den Heiligen zu dienen, dem Lehrer zu dienen, dem Meister zu dienen, dich im Staub der heiligen Füße der Grossen zu baden." Dann geschieht dieser feine und vielleicht sehr einfache Sprung vom Objekt zum Subjekt. Es gibt Erleuchtung, Gottverwirklichung, Selbstverwirklichung—was bedeutet, daß das Egoselbst (an das man so lange verhaftet war, es als

Wahrheit betrachtend) plötzlich weg ist, und an seiner statt sieht man den Atman.

Die objektive Welt hat plötzlich aufgehört, die objektive Welt zu sein, aber sie verschwindet nicht. An ihrer statt erscheint Gott. Das ist Schönheit. Es ist nicht als wenn all diese weltlichen Dinge verschwinden und man etwas anderes sieht, das man Gott nennt. Dann würde bloß ein anderes Objekt erscheinen! Alles bleibt, wie es ist, und nichts bleibt, wie es ist. Der Baum ist immer noch der Baum, ein Mann immer noch ein Mann, eine Frau immer noch eine Frau, ein Gebäude ist immer noch ein Gebäude — alles ist noch da, und nichts ist da. Plötzlich wird es erkannt — nicht dass *man* erkennt, dass dies ein Seil und keine Schlange ist. Was man sieht, verschwindet nicht. Was immer es in Wahrheit war, verschwindet nicht. Es ist immer noch da. Aber während man eine Schlange gesehen hat, *ist* es jetzt ein Seil. Man hat die Welt mit weltlichen Augen gesehen, jetzt sieht man Brahman mit Brahmanaugen. Wenn die innere Vision Jnana wird, dann wird das ganze Universum zu Brahman.

ENTDECKUNG DES EGO

Was auch immer in Übereinstimmung mit den Geboten des Geistes getan wird, ist eine Falle. Also können auch die sogenannten yogischen oder spirituellen, mit Ansporn des Geistes durchgeführten Praktiken im besten Falle eine goldene Falle, ein Gefängnis sein. Die innewohnende Intelligenz muss das erkennen. Sie ist dazu fähig, obgleich sie nicht daraus hervorkommen kann. ‚Ich' kann sich nicht selbst befreien, aber es kann den Fehler in all diesen Praktiken sehen, die Gefahr in dieser Falle. Wenn man Karmayoga macht, ist es besserer sozialer Dienst — was sehr gut ist, in erster Linie (aus der Erfahrung), weil es von ungeheurem Nutzen für andere ist. Wenn man sich aussucht, Bhakti Yoga zu praktizieren — drei Stunden Japa, zwei Stunden Puja und zwei Stunden Kirtan — dann ist das auch sehr gut, weil man während der sieben Stunden keinen Unsinn angestellt hat. Wenn man Yogaasanas, Pranayama und irgendeine Art von Meditation macht, erfreut man sich guter Gesundheit und ist so weniger eine Last für andere, was ein enormer Beitrag ist. Es ist eine Sünde, krank zu sein, man ist sich selbst lästig und eine untragbare Bürde für andere. Gesund zu sein ist einer der größten Dienste, die man der Menschheit erweisen kann. Wenn man gründlich vergessen wird von anderen, ist man der Menschheit der größte Diener. Wenn andere sich ständig Sorgen um einen machen, ist man eine Plage. Aber als Sadhana für die Selbstverwirklichung oder Moksha ist das nicht von großem Wert, es sei denn man tut es, weil der Meister es angeordnet hat, und nicht, weil der Verstand es mag.

Durch eines von diesen ist Moksha oder Befreiung möglich. Alle sind Fallen, was auch immer eines jeden Einstellung dazu sein mag. Selbstverwirklichung hängt von all diesen ab. Swami Sivananda hat die Essenz seiner Lehren in einem kleinen Lied herauskristallisiert, von dem die erste Zeile heißt „Diene, liebe, gib, reinige, meditiere, verwirkliche." Man soll Karmayoga so gut man es kann machen. Vor allem Gott lieben, Nächstenliebe praktizieren, sich selbst durch alle möglichen Yogapraktiken reinigen, Japa, Meditation und all das. Man soll meditieren und die Wahrheiten der Upanishaden erkennen. Die nächste Zeile ist: „Sei gut, tu gutes, sei mitfühlend." Die dritte: „Frage, wer bin ich, kenne das Selbst und sei frei." Kombiniere all diese in deinem täglichen Sadhana.

Jetzt kommt das Verzwickte an der Sache. Die nächste Zeile des Liedes ist: „Versöhne dich, sei flexibel und geh' auf andere ein. Trage Kränkung, trage Schmähung, höchstes Sadhana." Ist *das* im Leben möglich? Man sollte die Ethik an erster Stelle erwarten und die Selbstverwirklichung an letzter. Im ersten Teil — diene, liebe, meditiere, verwirkliche — ist es möglich, sich dem hinzugeben, was man im Allgemeinen Selbsttäuschung nennt. Z.B. wenn man denkt, dass man Karmayoga, Bhakti Yoga, Hatha Yoga macht, nur weil man ein paar Yogastellungen schön machen kann. Und wenn man eine Stellung lange halten kann, kann man sich selbst und anderen erzählen, dass man sich in tiefem Samadhi befindet. All dies ist möglich. Aber Anpassungsfähigkeit ist nicht so leicht, weil sie das Ego direkt trifft und zerstört, während der ganze Rest wie die Katze um den heißen Brei geht. Es ist leicht, etwas aufzugeben, was man zu besitzen meint: einen Pulli, ein Buch, ein wenig Geld, Obst. Der Geist oder das Ego sagt: „Ach, ich werde mehr besorgen", aber seine Meinung und Ideologien aufzugeben ist schwieriger, und seine Meinung über einen selbst, seine Selbstachtung, aufzugeben, ist äußerst schwierig. Von allen Vorstellungen in der Welt ist die Selbstachtung die am schwersten zu knackende, geschweige denn zu brechende. Ist es möglich, jemand anderes anzusehen, mit dem man überhaupt nicht einverstanden ist, und ohne Heuchelei zu sagen: „Sir, Sie mögen recht haben."? Beobachte, was während dieser wenigen Momente in dir vorgeht. Da ist eine Kombination von einem Erdbeben, Vulkan, Tornado und einer Flutwelle gleichzeitig. *Das* ist das Ego. Du hast es! Man sollte dem keine Beachtung schenken. Es tut weh, es tut weh. Meine Güte, tut das weh. Beobachte, was in dir vorgeht. Das ist das Ego.

Die externe Situation erledigt sich selbst. Jemand diskutiert mit einem, man sagt: „Du magst Recht haben", und dann ist er zufrieden und geht weg oder er ist unzufrieden und geht weg. Das ist nicht so sehr wichtig. Man tut dies nicht, um jemanden zufrieden zustellen, das ist eine andere Falle. Und man macht es auch nicht, um sich selbst zu ärgern. Das wäre Masochismus, genauso unnötig und sehr nährend für das Ego. „Ich bin ein Mensch mit ungeheurer Anpassungsfähigkeit." Es interessiert niemanden. Absolut keiner ist an dem fremden Glück oder der fremden Befreiung interessiert, es macht also keinen Sinn, all dies zu tun, um anderen zu gefallen oder andere davon zu überzeugen, dass man ein großer Yogi, Sadhu oder Heiliger ist. All das ist totale Zeitverschwendung. Stattdessen sollte man versuchen, sich auf andere einzulassen, auf den, der sich einem so gewaltig widersetzt. Man sage zu ihm: „Ja, mein Herr, Sie mögen Recht haben", oder „Sie haben Recht", und beobachte gleichzeitig, was in einem vorgeht.

Wenn Swami Sivananda die Wichtigkeit des Dienens betonte, legte er vor allem Gewicht auf die Anpassungsfähigkeit. Er betonte: „Das aggressive, selbstanmaßende, rajasige Ego ist dein Feind." Dies muss verschwinden. Karmayoga wird einem helfen. Selbst das kleine bisschen Dienst, das man anderen leistet, mag einem helfen, denn im Laufe dessen wird man gezwungen, sich anzupassen. Es wird jede Menge Möglichkeiten geben, sich selbst anzupassen. Bhakti, Raja und Hatha Yoga mögen einem helfen, aber sie sind nur Hilfen, keine Hauptschlüssel. Der Hauptschlüssel ist „Versöhne dich, sei flexibel und geh' auf andere ein."

Ich habe noch nie einen größeren Heiligen mit mehr Demut als Swami Sivananda gesehen. Der ganze Ashram verdankt ihm seine Existenz, und jeder Stein ist von ihm gelegt worden. Zuerst verblüffte es einige von uns jungen in den 1940iger Jahren, ihn vor einem seiner Schüler stehen zu sehen und ihn in einem Ton nach seiner Meinung zu fragen, der vermuten ließ, dass der Meister der Untergebene war. Es gab da einen Swami, der unter dem Namen Swami Vishuddhananda bekannt war. Er war unser Postmeister und auch verantwortlich für die Konstruktion des Tempels und so weiter. Eines Tages standen Swamiji und dieser Swami Vishuddhananda einige Schritte voneinander, und Swamiji machte ein paar Vorschläge für die Tempelveranda. Es war als wäre er der Untergebene, ein Neuling im Ashram. Er fragte „Können wir das machen? Würde das gehen? Was meinst du?" Ich habe ihn nie etwas bestimmen oder einen Befehl geben sehen. Selbst wenn er sehr wollte, dass etwas geschah, fragte er nur: „Wollen wir dieses und jenes tun?" Wenn man begann, mit ihm einverstanden zu sein, er sich dadurch wohlfühlte und er wusste, dass man bis zum Ende mit dabei war, dann mochte er sagen: „Geh' und tu es schnell." Wenn man aber einen Widerspruch erhob, stellte er sofort das ganze Verfahren ein. Er gab einem etwas Obst und Milch und lobte dich in den Himmel: „Ah, du bist ein fabelhafter Mensch. Keiner hat so brillante Ideen wie du." Eine halbe Stunde später kam er dann darauf zurück: „Du hast gesagt, dass dies auf solche Weise getan werden soll. Ich denke, dass es nicht so gut sein mag. Was meinst du dazu?" Entsage zuerst dem Ego. Hier ist eine Möglichkeit, ein Widerspruch, jemand, der sich einem gegenüberstellt. Das ist eine direkte Herausforderung an das Ego. Man lasse es schmelzen, lasse es verschwinden. Dann wird passieren, was passieren muss.

„Versöhne dich, sei flexibel und geh' auf andere ein. Trage Kränkung, trage Schmähung." Das sind das höchste Sadhana und der direkte Weg zur Selbstverwirklichung, weil es genau durch das Ego schneidet. Das bedeutet nicht, dass man so in dieser Welt leben und handeln sollte, dass man Kritik, Kränkung uns Schmähung herausfordert (dann verdient man natürlich nichts anderes!). Aber sein Allerbestes zu geben, das Richtige im rechten Moment auf die rechte Art und Weise und am rechten Orte zu tun, ist eines jeden Pflicht. Das ist Yoga. In dieser Hinsicht gibt es keinen Kompromiss. Trotzdem wird es, was immer man tut, immer jemanden geben, der sich aufregt, der einen oder das, was man tut oder wie man aussieht, nicht leiden kann. Was hält man von so einer Person? Der erste Impuls ist, ihn zu beseitigen oder vor ihm wegzulaufen, eine solche Situation zu beseitigen, abzustellen oder zu verhindern. Wenn man das tut, hat man die beste Gelegenheit zerstört, das höchste Sadhana zu praktizieren.

In einem seiner sehr frühen Briefe an Swami Paramanandaji hatte Swami Sivananda geschrieben: „Ich möchte Leute um mich herum haben, die mich kritisieren, mich schmähen, sich über mich empören, mich sogar verletzen, kränken." Dies ist nicht Masochismus. Weder genoss er es, geplagt zu werden, noch litt er an einem Märtyrerkomplex. Weder forderte er Kritik heraus noch suchte er danach. Er war äußerst bedacht in seinem Verhalten. Er passte sich, soweit er es konnte, den Normen der Gesellschaft an, und es gab kein anstößiges Verhalten seinerseits. Er war perfekt und wenn er zwangsläufig von irgendjemandem kritisiert wurde zeigte sich seine Einzigartigkeit. Es gab Gelegenheiten, wenn sogar seine eigenen Schüler sich offen oder heimlich über ihn lustig machten oder ihn kritisierten — er wusste davon — aber nicht einmal dann konnte man die leiseste Spur von Missbilligung oder Missfallen finden. Seine Liebe war gleichbleibend. Gelegentlich bekam der Kritiker Vorzugsbehandlung, nur gelegentlich, weil nicht einmal das zu einer Religion gemacht wurde. Es war nicht so, dass er Geschmack daran fand oder es genoss — das ist eine andere Falle. Es tut weh — es *muss* wehtun. Wenn man sein Bestes gegeben hat, das Richtige zu tun, und man trotzdem kritisiert wird, freut man sich darüber nicht, sondern man nutzt diese Gelegenheit, dieses große Ego zu entdecken. Es ist eine Gelegenheit zu fragen: „Wer bin ich?" Wer ist es, der verletzt ist, wer ist es, der gekränkt ist, und was ist Kränkung?

Swami Sivananda hat oft darauf hingewiesen, dass Kränkung oder Kritik nicht viel mehr als Luft ist. Es gibt auch noch eine andere Betrachtungsweise. Einige Menschen sind mit diesen *Kundalini Chakren* (Energiezentren) vertraut, und wahrscheinlich wissen sie auch, dass die Chakren Shat-Chakra nirupana zufolge eine bestimmte Anzahl an Blütenblättern haben sollen. Man sagt, dass bestimmte Laute mit diesen verbunden werden, und wenn man das Ganze zusammenfügt, erhält man das Sanskritalphabet. Der erste der Vokale ist ‚a' und der letzte der Konsonanten ‚ha'. Aham auf Sanskrit ist nichts anderes als all diese Laute zusammengefasst, und all die Worte, die ihm zugefügt werden, sind auch Worte, bloße Laute. ‚Ich' (Aham) ist nicht-existierender Laut. ‚Dummkopf' ist noch ein nicht existierender Laut. Und ‚Idiot' ist noch ein nicht existierender Laut. Jener nicht existierende Laut wird diesem nicht existierenden Laut hinzugefügt. Was spielt das für eine Rolle? Es ist Luft, die auf Luft weht nichts anderes. Wer dieses Yoga praktiziert, erachtet Kränkung als eine Gnade, die er weder genießt noch abschaffen will, sondern die er nutzt, um sein Aham zu entdecken, um zu entdecken, wer dieses ‚ich' ist.

Man sollte zwischen physischem Schmerz und psychischem Leiden unterscheiden. Körperliches Leiden mag beachtet und geheilt werden müssen. Der Körper selbst fordert dies. Swami Sivananda war außergewöhnlich sorgsam, wenn es um den Schutz des physischen Körpers ging. Während der letzten paar Jahre nahm er mehr Medizin als Nahrung zu sich. Physischer Schmerz mag beachtet, verhindert, behandelt, geheilt oder beseitigt werden müssen, aber psychisches Leiden sollte nicht behandelt, beseitigt oder verhindert werden. Es sollte genutzt werden, um das oder denjenigen zu entdecken, der dieses Leiden erlebt. Mit jedem Erlebnis, wenn man fähig ist, der Quelle jenes Leidens nachzuspüren — welche das Ego ist — dann wird dieses Ego ein für alle mal beseitigt, und es entsteht Freiheit. Darum verherrlichte Swami Sivananda das so. Wenn dieser ungeheure innere Drang besteht, das Ego zu finden, wird das Ego im Licht dieses Dranges als nicht existent erkannt.

In dieser Situation fließt Tugend ohne Anstrengung. Man praktiziert die Yamas und Niyamas und verinnerlicht sie anstrengungslos. Man ist anstrengungslos selbstlos. Und das nicht, weil man denkt, dass das selbstlose Selbst einen zu Moksha führen wird sondern weil Moksha schon da ist. Man ist vom Selbst befreit, und darum ist man selbstlos. Es gibt keine Alternative. Man liebt Gott nicht, weil man erwartet, das Recht auf einen Platz im Himmel zu bekommen. Es *gibt* kein weil. Das Leben selbst ist fortwährende Meditation. Der Drang nach Befreiung führt zur Suche nach der Wahrheit über das Ego. Auf dieser Suche entdeckt man, dass das Ego eigentlich gar nicht existiert. Dann erkennt man, dass das Ego nur aus Unachtsamkeit entstehen konnte. Wenn man nicht sein ganzes Leben lang achtsam und wachsam ist, kann es immer wieder auftauchen. Deshalb ist ständige Wachsamkeit nötig.

Diese Wachsamkeit vor der potentiellen Auferstehung des Egos ist Meditation selbst. Es gibt keine andere Meditation. In dieser Meditation wird das Ego an seiner Auferstehung gehindert. Diese Wachsamkeit selbst ist das innere Licht oder die Einsicht, und solange wie es hell erleuchtet, erhebt sich der Dämon, genannt Ego, nicht. Das ist Meditation. Und das ist auch Selbstverwirklichung, Gottesverwirklichung oder Befreiung, wie auch immer du es nennen willst.

DER YOGA DER SYNTHESE

Swami Sivanandas Herangehensweise an spirituelles Leben im Allgemeinen war ein Yoga der Synthese. Das ist kein besonderer Yoga, genannt Synthetischer Yoga, Yoga der Synthese oder Integraler Yoga, sondern Yoga. Yoga *bedeutet* Einheit, darum kann es keine Spezialisierung geben. Man kann kein Karmayogi sein, wenn man nicht weiß, was man tut, warum man es tut, wer es tut, für wen es getan wird und wenn die richtige Einstellung nicht vorhanden ist. Man kann kein hingebungsvoller Verehrer Gottes sein, wenn diese Hingabe oder Liebe sich nicht in der rechten Tat äußert. Die eindeutigste Warnung findet man in der *Bhagavatam* (indische Schrift) nämlich, dass jener, der Gott nur in Statuen, Bildern und Tempeln sieht und die kleinsten, die gemeinsten Wesen Gottes nicht leiden kann, kein hingebungsvoller Verehrer ist. Auf dieselbe Weise warnte Swami Sivananda selbst uns, dass man Tugend nicht entwickeln kann, wenn man sich von der Welt isoliert. Es gibt keine Tugend in der Isolation, es kann nicht gefördert, werden, enthüllt, offenbart oder gesehen werden in der Isolation. Also ist kein Yama, Niyama, keine Meditation oder Japa möglich ohne Karma Yoga, ohne Bhakti.

Im Falle jener, die das Glück hatten, zu seinen Füßen zu leben, schrieb Swami Sivananda ein außerordentlich schönes Sadhana vor, welches gleichzeitig persönlichen und spirituellen Fortschritt, Entwicklung und allgemein Gutes oder Dienst an der Menschheit umfasste. Oft werden Worte und Sätze aus einem Zusammenhang zitiert. Manchmal macht jemand darauf aufmerksam, „Hat Swami Sivananda nicht gesagt, dass Arbeit Gottesanbetung ist, bringt sie Gott dar?“ Ja, natürlich. Arbeit ist Gottesanbetung, und man sollte alle Arbeit Gott darbringen. Swami Sivananda selbst sagte, dass, was auch immer man tut — es keine Rolle spielt, ob es eine

Verwaltungsarbeit oder die Arbeit eines Straßenfegers ist — sie sollte Gott dargebracht werden, es sollte als Gottesverehrung angesehen werden. Richtig, aber was bedeutet ‚Gottverehrung'? Ist es einem möglich, diese Handlungen als Gottverehrung zu sehen, wenn man Gott nie verehrt hat? Ist es möglich, diese Handlung Gott darzubringen, wenn man der göttlichen Gegenwart nicht in einer anderen Form verbunden war und ihr etwas dargebracht hat? Denn während man etwas tut, ist der Geist eifrig mit der Handlung selbst beschäftigt. Wo entwickelt man diese Bhava (innere Einstellung) des Fühlens der göttlichen Gegenwart, so dass man dieses Handeln als Gottverehrung ansehen kann? Wie nimmt man diese verehrende Einstellung in seinen täglichen Arbeiten an, nicht nur Tätigkeiten hier im Ashram, sondern draußen, was noch viel mehr Irrenhaus und Hetzjagd ist?

„Arbeit ist Verehrung", aber in der Sprache Swami Sivanandas bedeutete es Arbeit *und* Verehrung, nicht eins auf Kosten des anderen. Wenn man sagt, dass man persönliches Sadhana macht und seinen Dienst an der Menschheit vernachlässigt, wird man egozentrisch, egoistisch, eine Insel für sich selbst, ein Parasit für die Gesellschaft. Swami Sivananda wollte nie, dass jemand völlig isoliert ist, nicht einmal im Namen des Yogasadhana. Er wies darauf hin, dass große Weise in vollständiger Zurückgezogenheit verbleiben mögen, doch dass es in der Natur der Dinge liegt, dass es von ihnen nur sehr wenige auf der Welt gibt. Für uns, welche die Mehrheit bilden, verordnete er eine andere Art der Zurückgezogenheit. Unsere Sadhana, oder spirituelle Praxis (was immer dir das bedeuten mag), nicht zu vernachlässigen und gleichzeitig nicht den Dienst am Lehrer, an der Gesellschaft oder der Nation zu vernachlässigen, und diese bei jedem Schritt miteinander zu verbinden. Aktiven, dynamischen Dienst mit einer inneren Haltung der Verehrung zu verbinden—Zurückgezogenheit und äußere Kontakte gleichzeitig. Das war die

Schönheit seiner Herangehensweise an spirituelles Leben, und es war auch die Schwierigkeit. Wenn man inmitten von Leuten ist, erkennt man, dass man völlig allein ist, und wenn man allein im Wald ist, erkennt man, dass man eins mit der Menschheit ist. Er demonstrierte dies in seinem eigenen Leben. Wer auch nur ein paar Schritte mit ihm spazieren ging, konnte es in seinem Gesicht sehen, an seinem Verhalten, dass er, während er von Menschen umgeben war, ernstlich allein war, unberührt. Oftmals sagte er: „Ich hab die ganze letzte Nacht nicht geschlafen. In diesem kleinen Zimmer war ich in Verbindung mit der ganzen Welt." Und dann sagte er uns, wir sollten So-und-so schreiben, So-und-so Bücher schicken und So-und-so Prasad geben. Dort in seinem Kutir (was buchstäblich eine Höhle ist) war er also in Kontakt mir der ganzen Welt, und wenn er von der ganzen Menschheit umgeben war, war er vollständig frei, unabhängig. Wie man all dies verband, war der Yoga, den er uns lehrte.

Was passiert, wenn man dies nicht tut? Wenn man sagt: „Ich bin ein *Vairagi*, ein Mann der Entsagung. Ich mag die Gemeinschaft nicht, ich will allein bleiben ohne jeglichen Kontakt", ist es möglich, dass man sich voller Zielstrebigkeit, Vairagya und Viveka in eine Höhle zurückzieht. Besonders, wenn man eine lange Zeit von Menschen umgeben war können diese Qualitäten stark entwickelt sein. Man mag spüren: „Nur in ein paar Tagen werde ich Gott zu fassen bekommen." Aber dieser Gott mag sich als Schwerfälligkeit, Faulheit, Untätigkeit und Schlaf entpuppen—es sei denn man ist für solch ein Leben ausersehen worden, es sei denn man ist ein Dattatreya, ein Ramana Maharshi oder ein Sukadeva. Es ist möglich, dass es nicht so viele gibt, die dafür qualifiziert sind. Der eigene Egoismus festigt sich sehr gut, denn während der Geist denkt: „Ich strebe nach *Moksha* (Befreiung)", ist es das ‚ich', dass nach Selbstvergrößerung strebt. Solange wie ‚ich' strebe, gibt es keine Moksha. Es ist recht einfach. Da Moksha die Moksha vom ‚ich' ist, gibt es keine Moksha solange ‚ich' strebe sondern nur totalen Egoismus. Swami Sivananda hat oft darauf hingewiesen, dass es wenige Aspiranten oder Yogis gibt, die allein fruchtbar ein Leben der Zurückgezogenheit führen können und als spirituelle Sonnen erleuchten und ihre Weisheit und ihren Segen in die ganze Welt ausstrahlen. Man erkennt, dass solche Menschen existiert haben und existieren, aber leider gibt es sehr wenige. Für die meisten ist ein Leben in Zurückgezogenheit gefährlich. Sollte man sich dann unaufhörlich mit selbstlosem Dienen beschäftigen und den berühmten Slogan anwenden: Manava-seva ist Mahadava-seva (Dienst am Menschen ist Dienst an Gott)? Es ist poetisch, inspirierend, und es verkauft sich gut, es wird leicht von jedermann akzeptiert. Wenn man den Menschen sagt: „Ich widme mich dem Dienst an der Menschheit", sammeln sich alle um einen herum. Ich nehme an, ihr habt die Gefahr bereits erkannt. Man soll selbstlosen, motivlosen, wunschlosen Dienst leisten. Selbstloser Dienst ist selbst auslöschender Dienst, wobei man fast unerkannt bleibt, doch von dem Moment, wo man diesen Weg des Dienstes an der Menschheit oder selbstlosen Dienstes beschreitet, ist man verhindert, es selbstlos zu machen. Selbst wenn man versucht, werden sich ein paar Leute um einen versammeln und sagen „Oh, Maharaj, was für einen großen Dienst du tust." Zehn oder fünfzehn Tage lang sagt man, „Oh nein, nein, ich bin nur ein Werkzeug in den Händen Gottes, Gott allein tut dies" —dann beginnt man langsam zu spüren, „ja, all dieser Ruhm gehört Gott. Dieser Gott ist in *mir*. All dieser Ruhm gehört Gott." Es ist selbstlos, aber das Selbst wächst mehr und mehr, weil man die anderen Aspekte des Yoga vernachlässigt hat. Ein Glied entwickelt sich auf Kosten der anderen. Während ungeheures soziales Wohl durch jemanden erzielt wird, ist das persönliche Sadhana verschwunden.

Vielleicht finden einige Menschen, dass diese Gefahr Guru-seva nicht innewohnt, weil es unwahrscheinlich ist, dass der Lehrer das Ego aufbläht. Also denkt man, dass man, was Guru-seva angeht, alles andere völlig vernachlässigen und Guru-seva als das höchste Sadhana behandeln könnte. Das ist möglich. Vielleicht gibt es eine Gültigkeit darin, obgleich ich mich an mindestens eine Gelegenheit erinnere, zu der ich empfand, dass Swami Sivananda überhaupt nicht mit dieser Einstellung zufrieden war. Es geschah 1946, als es sehr viel Arbeit zu tun gab und nur wenige im Ashram, sie zu verrichten. Swamiji arbeitete damals, wo jetzt die Post liegt, und einige der kleinen Zimmer entlang des Gebäudes wurden von uns auch als Büroräume genutzt. Ich saß in einem der Zimmer und schrieb gegen fünf oder sechs Uhr nachmittags Schreibmaschine. Plötzlich sah ich Swamiji vor dem Zimmer auf der Veranda stehen. Er sah mich recht ernst an und sagte: „Was tust du?“ Ich sagte ihm, was ich tat. „Hast du schon Japa gemacht heute, hast du schon meditiert?“ Ich stand auf, sah ihn an und sagte: „Ich mache dies hier.“ Ich habe nicht dagegen gesprochen. Auf dem Plakat an meiner Wand stand ‚Arbeit ist Verehrung'! Er sagte: „Nimm die Schreibmaschine und wirf sie in den Ganges, geh dich hinsetzen und meditiere eine Weile.“

Er zeigte uns dies selbst in seinem eigenen Leben. Der Ashram war vergleichsweise ruhiger in jenen Zeiten, aber dennoch hatte er alle Verantwortung für die Leitung des Ashrams und all die Kopfschmerzen, die damit einhergingen. Aber er hatte bestimmte Zeiten für bestimmte Handlungen: so viel Zeit für den Briefwechsel, so viel für das Studium und Schreiben, so viel für Büroarbeit, so viele Stunden für Satsang, so viele Stunden für den Morgendarshan im Büro, so viele Stunden für sein eigenes, persönliches Sadhana. Trotz seines Alters, trotz aller dieser Faktoren hatte er immer noch Zeit für seine eigene Puja. Als er sich nicht mehr bücken konnte und nicht mehr auf dem Boden sitzen konnte, wurde der Altar erhöht, und dort machte er seine Puja jeden Tag. Die Puja bedeutete den Schriftgelehrten zufolge wahrscheinlich nichts, aber Gott zufolge war es wahrscheinlich die beste Puja auf der Welt. Vielleicht benötigte er all dies gar nicht zu seiner eigenen Befreiung, aber wir hatten da ein Beispiel.

Wenn man meint, eine Praxis reicht aus und man braucht nichts anderes, ist wieder das Ego mit im Spiel. Man ist nicht frei. Nur wenn alle gleichmäßig miteinander verbunden sind, ist es möglich, die Existenz des Selbst auch nur wahrzunehmen. Erst wenn das Selbst als nicht existent entdeckt worden ist, gibt es selbstlosen Dienst. Solange das Selbst nicht als nicht existent entdeckt worden ist, gibt es keinen selbstlosen Dienst. Tatsache ist, dass jeder Dienst selbstloser Dienst ist, weil es kein Selbst gibt, welches irgendetwas tut! Es ist immer Gott, der es tut. Also selbst, wenn ich hier sitze und stolz und froh bin, zu sprechen, ist es tatsächlich Gott, der all dies tut, aber diese Wahrheit muss entdeckt werden, nicht vorgestellt oder nur gedacht. Es reicht nicht aus, bloß zu denken, dass man selbstlos, unegoistisch ist. Wenn Gott mysteriös ist, ist das Ego noch mysteriöser, weil es ein Nicht-Wesen ist. Und dieses falsche Nicht-Wesen (wie ein Schatten an der Wand) kann nicht herausgelöst, zerstört oder entfernt werden, außer man wirft ein Licht darauf. Wenn man versucht, diesen Schatten mit allen Mitteln, ausgenommen Beleuchtung, zu entfernen, hat es keine Wirkung. Wenn man gegen das Ego mit allen Mitteln außer der Erleuchtung (Atmajnana) ankämpft, mag man sogar ein Ego erschaffen. Dagegen anzukämpfen und sich vorzustellen, es wäre verschwunden, macht es nur stärker und stärker und stärker. Darum wird an einer Stelle berichtet, dass Ramana Maharshi gesagt haben soll, dass selbst *Dhyana* (Meditation) egoistisch sei — das Werk des Ego — und darum kein Lösung. Vichara ist ihm zufolge die einzige Lösung.

Wenn man Yoga lebt, Sadhana (Japa, Puja, Meditation und den ganzen Rest davon) macht und gleichzeitig Dienst am Lehrer, an der Gemeinschaft und an Gott auf die verschiedensten Weisen nicht vernachlässigt, entsteht kein Ego. Durch Morgenmeditation, Japa, Puja und so weiter erhebt man das Bewusstsein und wird so achtsam, dass es wie eine schattenlose Lampe wird, eine Art Lampe, die auf eine Weise leuchtet, dass kein Schatten entstehen kann, mit Strahlen von allen Seiten. Morgenmeditation, Puja, Studium der Schriften und so weiter, alles zusammen wird zu einer schattenlosen Lampe, die das Wachsen des Egos verhindert. Was auch immer man den restlichen Tag über macht, man ist unaufhörlich aufmerksam, unaufhörlich achtsam. Man spürt die Gegenwart Gottes in sich, während man meditiert, man spürt die Gegenwart Gottes in sich, wenn man in den Tempel zum Opfern geht. Man ist beseelt von dem Geist der Hingabe, selbst wenn man Gott nur ein einziges Blatt zu Füßen legt. In diesem Sinne ist alles, was zu tun ist, zu tun. Diese Einstellung wird durch das persönliche Sadhana erzeugt. Aber wenn man sein Leben nur auf dieses persönliche Sadhana beschränkt – obwohl es eigentlich nicht möglich ist — kann man seine Einstellung im Leben nicht ausdrücken, man kann nicht überprüfen, ob man wirklich diese Einstellung hat. Man geht also hinaus, mischt sich unter Menschen, tut seine Pflicht oder seinen Seva, und beobachtet während all dessen, wie wirkungsvoll das Sadhana gewesen ist. War es effektiv oder ist der Geist immer noch Subjekt derselben alten Gedanken und Gefühle von Hass, Eifersucht, Neigungen und Abneigungen, Sehnsüchten, Eitelkeit, Gier?

Dann könnte man wirklich und wahrhaftig das göttliche Leben führen. Dann und nur dann könnte man den Zustand des Yogis erahnen, der sagen kann: „Ich tue nichts, Gott tut es. Gott macht sogar das Sadhana, das ‚mein persönliches Sadhana' heißt, Japa, Meditation und Puja. Gott allein tut all dies. Er dient sich selbst durch sich selbst."

LIEBE, DIE GOTT IST

Wir haben die Philosophie und die Lehren Swami Sivanandas, unseres göttlichen Lehrers, betrachtet, und nun ist es wichtig, sich seine Persönlichkeit und sein Leben anzuschauen, denn alles, was in diesem Buch, Swami Sivanandas Philosophie und Lehren betreffend beschrieben und diskutiert wurde, ist direkt aus seinem Leben abgeleitet. Sein Leben war seine Lehre, seine Lehre war sein Leben. Er gab selten Vorlesungen, aber er schrieb beträchtlich, und selbst seine Schriften waren zum größten Teil Überlieferungen der Tradition. Während er die Tradition überlieferte, ließ er sein eigenes Genie einfließen, besonders, dass er den kompliziertesten Prozess einfach aussehen ließ und die abschreckende Wahrheit attraktiv. Da war ein unglaublicher Sinn für Humor und, mehr als alles andere, Einfachheit — sowohl in seinem Leben als auch in seiner Lehre.

Unberechenbarkeit ist ein außergewöhnliches Merkmal eines erleuchteten Menschen, der völlig im Einklang mit dem Unendlichen steht. Es gibt einen bestimmten Rhythmus in einem solchen Leben und einen bestimmten unverkennbaren Faktor, aber gleichzeitig gibt es eine Unberechenbarkeit. Es ist wie das Wetter — man weiß, dass Winter eben Winter ist — aber in diesem Winter liegt unberechenbare Veränderung, ein unberechenbarer Unterschied von einem Tag auf den anderen. Man weiß, dass die Sonne im Osten aufgeht, aber verbunden mit dem Sonnenaufgang gibt es eine Unberechenbarkeit. Man mag ihn sehen können oder auch nicht, weil der Himmel bewölkt sein mag oder klar wenn die Sonne aufgeht. Was unveränderlich in seinem Leben war, war die Vorstellung der Entsagung, Liebe, Hingabe, der Selbstdisziplin. Wenn man von Liebe spricht, gibt es alle Formen von verrückten Ideen, welche weit entfernt von der die Liebe betreffenden

Wahrheit sind. Man muss einen Menschen wie Swami Sivananda gesehen haben, um schätzen zu wissen, was Liebe bedeuten kann. Und man muss einen Menschen wie Swami Sivananda gesehen haben, um schätzen zu wissen, was Disziplin bedeuten kann. Man muss ein Vorbild dieser Lehren sehen, um die sie betreffende Wahrheit zu erkennen — was es *ist*, nicht eine Beschreibung dessen. Aber andererseits, warum will man diese Vorbilder? Will man sie imitieren? Wird man zu Heiligen, indem man sie imitiert? Nein, man wird zu Imitationsheiligen, wie künstliche Diamanten, die noch mehr glitzern als echte Diamanten aber doch wertlos, nutzlos sind. Ein Imitationsheiliger mag also noch brillanter leuchten als der wirkliche, aber er ist nutzlos. Swami Sivananda war eine Ganzheit, eine Imitation wäre Hohlheit.

Es gibt eine schöne Aussage in der Bhagavad Gita:

Yad-yad-acharati sreshthas-tad tad-eve'taro janah (III-21)

„Was der höhere Mensch tut, wird auch von den anderen getan."

Ich werde diese Aussage nicht bestätigen oder widerlegen. Einige Verse später sagt uns Krishna:

Yadi hy-aham na varteyam jatu karmanyatandritah
Mama vartma-'nuvartante manushyah partha sarvasah
(III-23)

„Wenn ich meine Arbeit vernachlässige, werden alle meinem Beispiel folgen. Wenn ich ein schlechtes Beispiel gebe, werden alle folgen." Was geschieht mit einem, wenn man einen Mann Gottes, einen Heiligen, einen großen Yogi sieht, der ein Beispiel im Leben gibt? Was geschah mit den Schülern von Rama, Buddha, Ramakrishna, Swami Vivekananda, Swami Sivananda, Swami Dayananda, Guru Nanak Dev? Dies sind die Beispiele: was hat man aus ihnen gemacht? Man hat ihre Lehren gänzlich und vollständig ignoriert und ihnen Tempel gebaut, doch wenn man zufällig eine Art ‚Unvollkommenheit' in ihrem Leben aufdeckte, folgte man eifrig diesen Unvollkommenheiten. „Wenn ich meine Pflichten nicht erfülle, dann werden Menschen meinem Beispiel folgen." Das sagte Krishna in der Bhagavad Gita.

Es kommt also nicht auf unser Sehnen, Hoffen oder Bestreben an, einen Heiligen zu imitieren. Man versucht eher, den Duft dieser Heiligen einzuatmen, damit er uns erfüllen und in unserer Seele arbeiten möge, und in unserem Wesen eine Entwicklung bewirke, in dem Maße, wie wir sie verdienen und auf die Art, wie es für uns vorgesehen ist. Genau wie die gegessene Nahrung zum lebenden Körper wurde, ist es möglich, dass diese Wahrheiten, die wir mit unseren Ohren und Augen aufgenommen haben, Teil unserer Seele werden, eine lebendige Wahrheit in uns. Das ist möglich. Swami Sivananda verkörperte die Liebe auf eine ganz besondere Art und Weise. Es war nicht das sentimentale, romantische Gefühl, welches man normalerweise mit Liebe assoziiert sondern eine Liebe, die nur göttlich genannt werden konnte. Sie schloss alle Formen der Liebe ein, die man kennt und noch viele darüber hinaus. Um das zu verstehen, muss man seine Lehren und seine Persönlichkeit miteinander kombinieren und betrachten. Schon als Kind war er fähig, Gott in allem zu sehen und diesen Gott in allem zu lieben. Dies waren seine oft zitierten, seine allerliebsten Äußerungen: „Sieh Gott in jedem Gesicht", „Liebe Gott in allem", „Diene Gott in allem." Er sagte das nicht nur sondern er fühlte, dass es lebende Wahrheiten waren. Ich habe es von seinen Klassenkameraden gehört, von Menschen, die mit ihm zusammen gelebt hatten und von einem seiner Köche aus seiner Zeit als Arzt in

Malaysia. Es war eine solche Liebe und magnetische Anziehungskraft, die dieser wunderbare Mann hatte, dass, als er Malaysia verlies, sein Koch sich gezwungen fühlte, nach ihm zu suchen, als er verschwand und niemand wusste, wohin er gegangen war. Als er herausfand, dass Swami Sivananda in Rishikesh war, schloss er sich ihm wieder als Koch an und wurde selbst ein Swami. Wie muss doch die Liebe dieses göttlichen Menschen gewesen sein — nicht erst, als er Swami geworden war oder Selbstverwirklichung erreicht hatte, sondern schon, als er noch ein junger Mann in Malaysia war und als Arzt arbeitete! Vor etwa zehn Jahren war ich zufällig in der Nähe von Malaysia, und ich wollte unbedingt jene Orte besuchen, die mit dem frühen Leben Swami Sivanandas verbunden wurden. Ich fuhr sogar zu den Siedlungen, in denen Swami Sivananda vor über einem halben Jahrhundert als Arzt arbeitete. Es gab da einen alten Mann, der sich noch an den Arzt erinnerte. Er muss damals noch sehr jung gewesen sein, wahrscheinlich ein Teenager. „Ja", sagte er, „ich erinnere mich, er war etwas besonderes!"

Was war seine Besonderheit? Anders als andere Ärzte, die Patienten als Nummern oder als eine Art Fall behandeln — ein Lungenfall, ein Herzfall, ein Nasenfall – sah er jeden Mensch als eine Persönlichkeit. „Jeder Patient wurde als besondere Person behandelt", wie es dieser alte Mann ausdrückte. Von einer vorteilhaften Position aus ist es vielleicht einfach zu sehen, dass er Gott in jedem von ihnen sah, und jeder von ihnen war eine besondere Manifestation Gottes.

Ein anderes außergewöhnliches Merkmal, von dem der alte Mann mir erzählte, war, dass dem Arzt jeder wichtig war und er sie eigentlich verehrte. Er diente jedem Patienten, als wäre dieser Gott. Es war außergewöhnlich. Zu dieser Zeit gab es nur die klassische Schulmedizin und jeder Arzt, der alternative Heilmethoden anwendete, galt als Quacksalber. Hier gab es einen Arzt, der besonders bei ernsthaften Leiden Medizin verabreichte und dann auch ein Tulsiblatt. Er führte immer Puja durch und behielt die Tulsis hauptsächlich für jene, die ernsthaft krank waren, mit dem Rat „Trotz allem bin ich nur ein Arzt. Gottes Gnade wird Dir helfen. Ich habe für Dich gebetet, hier ist das Prasad." In seinem eigenen kleinen Hof hatte er eine riesige Tulsipflanze, und jemand, der viel später hier in den Ashram kam, erwähnte, dass es den Tulsi noch Jahre nach Swami Sivanandas Weggehen gab.

Was war diese Liebe, die das Herz dieses Arztes dazu bewegte, seine Patienten wie Gott zu behandeln, ihnen Medizin zu geben, ihnen Prasad zu geben, ihnen seine Liebe zu geben und für sie zu beten? Der Koch erzählte uns auch, dass der Arzt die Patienten in seinem eigenen Haus unterbrachte, wenn die Krankheit ernst war, besonders, wenn der Patient von weit her kam. Der Koch musste auch *ihm* dienen. Wenn der Patient entlassen wurde und der Arzt herausfand, dass er kein Geld hatte, gab er ihm Taschengeld. So war seine Liebe.

Zu jener Zeit hatte der Arzt wirklich noch keine Ahnung davon, dass er ein Sannyasi werden würde. Er war, was man einen normalen Arzt nennen mag. Ein normaler Arzt heutzutage ist an Geld interessiert. Das war das einzige, an dem Swami Sivananda nicht interessiert war! Es gab auch wohlhabende Patienten, also kam Geld natürlicherweise herein, im Überfluss, aber es wurde von seinen Händen weitergegeben. Selbst als junges Kind war er schelmisch — Krishna war auch schelmisch — aber er war auch extrem liebevoll und herzlich. Er tat alles, um einem Freund zu dienen, mit dem Ergebnis, dass viele seiner Schulfreunde Jahre später hierher kamen. Was muss das für eine Herzlichkeit und Liebe gewesen sein, die dieser junge Mensch ausstrahlte, dass die Leute sich seiner ein halbes Jahrhundert später erinnern sollten? Nicht nur seine Freunde, sondern sein Schullehrer und der Postmann, der ihn kannte, kamen auch hierher.

Als er etwa ein halbes Jahrhundert, nachdem er diesen Ort verlassen hatte, nach Pattamadai (seinem Geburtsort) ging, war er geliebt und willkommen. Dort stellte man erstaunt die Widerlegung des Sprichwortes fest: „Ein Prophet wird nicht in seiner eigenen Heimatstadt verehrt." Er *wurde* in seiner eigenen Heimatstadt verehrt, und selbst heute noch wird er dort verehrt. Auf einer Bühne in Pattamadai stehend sagte er: „Ich wurde hier geboren, ich bin nur einer von euch." Als er einige alte Verwandte oder Bekannte traf, war da nur reine Freundschaft, reine Zuneigung, keine herablassende Einstellung wie „Ich bin ein großer Heiliger, und Du bist nur ein einfacher Haushälter." So etwas hat man zu keiner Zeit in seinem Leben gesehen.

In was für einer Situation er sich auch befand, wurde er völlig eins mit der Situation. Wenn er mit Kindern spielte, war er ein Kind. Seine Schüler hat er nie überhaupt als Schüler behandelt. Bevor man sich verbeugte, faltete er seine Hände und fragte „Jai Bhagavan, geht es dir gut?" Diese Worte waren voll von Honig, von Liebe. Es waren nicht bloße Worte — Worte, die man halt benutzt — sondern das Bhava, welches diese Worte süßte, war außergewöhnlich. Einmal lag Swami Sivananda mit Typhus im Bett. Am fünfzehnten oder sechzehnten Tag, als die Gesundheit vollständig zerrüttet war, kam Krishnananda wie gewöhnlich herein, um zu fragen, was man tun konnte. Als er in das Zimmer kam, fragte Swami Sivananda, „Om Jai Bhagavan, Krishnanandaji Maharaj. Wie geht es dir, wie steht es um deine Gesundheit?" Wenn der Lehrer eine Frage stellt, antwortet man zuerst. Krishnananda antwortete: „Ja, Swamiji. Mir geht es gut." Swami Sivananda war krank, und der Sekretär war zu ihm zu Besuch gekommen, aber etwa fünf Minuten lang fragte *er* nach Krishnananda Swamijis Gesundheit. In all dem lag absolute Echtheit, Ehrlichkeit, Ernsthaftigkeit und Reinheit.

An einem Tage in derselben Zeit wollte er etwas frische Luft schnappen, den Ganges und den Himalaja sehen, und so gingen wir hinaus. Er hielt sich an einem Stock fest und stand und zitterte. Er sah eine alte Parseefrau namens Zalmataji. Sie saß am Ufer des Ganges. Swami Sivananda sagte, „Frage sie, warum sie hier sitzt, es ist sehr heiß. Frage sie, ob sie schon Mittag gegessen hat, gib ihr etwas zu essen." Ich weiß nicht, ob man sich in diese Position versetzen kann und so um andere kümmern kann, wenn die Energie total erschöpft ist, wenn die eigene Gesundheit und das Leben schwach wird und man selbst halbtot ist. Was ist das für Liebe, die sich um irgendeine alte Frau, die da sitzt, so sorgt? Hier sitzend, nach dem Abendessen, machen alle diese Dinge vielleicht keinen großen Sinn, aber in jener Situation war es wirklich umwerfend, dass ein Mensch in solch einem physischen Zustand an das Wohl und die Annehmlichkeiten anderer denken konnte.

So war seine Liebe. Es ist diese Liebe, die sich in der Form dieses Ashrams ausdrückt, es ist diese Liebe, die erstrahlt durch alle diese großen Swamis wie Swami Chidanandaji, Swami Krishnanandaji und Swami Madhavanandaji, welche das Schicksal dieses Ashrams leiten. Dieselbe Liebe fließt durch sie alle. Es ist dieselbe Liebe, die uns alle beschützt und führt. Aber diese Liebe ist keine Sentimentalität. Ich weiß nicht, ob ich dem Leser meine Definition von ‚sentimental' nahe bringen kann. Sentimental ist wie ein Zentimeter. So wie ein Zentimeter ein Hundertstel eines Meters ist, ist sentimental ein Hundertstel des Verstandes. Wenn man bloß ein Hundertstel seines Verstandes auf ein Objekt richtet, ist man sentimental. Swami Sivananda war niemals dafür bekannt, sich solcherart Zerstückelung zu unterwerfen. Er war ganz, vollständig, also gab es keine Sentimentalität. Nicht nur sein Verstand, Herz und seine Seele, sondern auch seine gesamte Persönlichkeit war bei jeder Handlung, bei jedem Gedanken, jedem Wort und jeder Tat zugegen. Er war von ganzem Herzen, von ganzer Seele.

Dieses vollständige Wesen, diese vollständige Persönlichkeit, war stets ganz im Einklang mit der Ganzheit (mit Gott), so dass er, selbst wenn er streng zu sein schien, es nur aus Liebe zu einem war. Wenn er überhaupt einmal einen Schüler ermahnte, geschah dies nur, weil dieser Schüler ein wesentlicher Bestandteil von ihm war. Je entfernter man sich von ihm befand, desto mehr Liebe *zeigte* er. Erst wenn man ein bisschen näher kam, wollte er seine eigenen Werkzeuge glätten und polieren. Es geschah auch nur dann, dass er sogar einmal etwas streng erschien, und das nur ganz, ganz selten. Aber selbst wenn so etwas passierte, konnte man sehen, dass es aufgrund von seiner extremen Liebe war. Ich hatte Gelegenheiten, dies zu beobachten. Einmal, bevor er einen seiner Schüler, der irgendetwas falsch gemacht hatte, maßregelte, sagte er: „Ich habe die letzten drei Tage darüber nachgedacht, ich habe die letzten drei Tage nicht einmal geschlafen." Wir waren alle kleine Jungs, keiner Überlegungen von einem Weisen würdig. Jeder andere würde sich seinen Schüler gegriffen und gesagt haben: „mach das nicht." Aber nein, es könnte ihn verletzen. Also selbst wenn so eine Sache gesagt werden musste, schob er es immer wieder hinaus. Er dachte darüber nach, meditierte darüber und schlief darüber in der Hoffnung, dass es verschwinden würde, dass die andere Person aufwachen und ihren Fehler entdecken würde. Wenn nichts ging, *dann* mochte er ein Wort sagen, um einen dann mit Früchten und Honig zu überschütten. Solch eine fantastische Liebe. Diese Liebe ist nicht menschlich, sondern etwas Göttliches, obwohl sie alle menschlichen Elemente besitzt. Er war herzlich, am meisten war er tief und ungeheuerlich an deinem physischen Wohl interessiert.

Was ihm die größte Freude brachte, war, Prasad zu verteilen. 1947 wurde Swami Sivanandas Geburtstag, das diamantene Jubiläum, gefeiert. Ich weiß nicht, wie es geschah, aber es war Laddu übrig. Etwa drei- bis viertausend Menschen aßen sich satt zum Geburtstag, am Tag davor und am Tag danach. Nach dem Verteilen von Laddu an all diese Leute, war einer der Räume der unteren Etage in der Postabteilung halbvoll davon. Es lagen Laddus vom Boden bis hoch zur Decke. Von diesem Zeitpunkt an (vom zehnten September ungefähr zehn Tage lang) befand er in Glückseligkeit, er war im sechzehnten Himmel. Jeder, der dorthin ging, bekam zwei Hände voll mit Laddus. Nichts machte ihm mehr Freude als Essen, Obst, Prasad zu verteilen.

Zu jener Zeit arbeiteten im Ashram nur etwa dreißig Leute. Wenn viele Besucher da waren, saß man auf der Veranda zum Essen, und wenn nicht so viele Besucher da waren, aß man direkt in der Küche. Eines Tages saß Swamiji auf einer jener Betonbänke. Er sagte: „Ihr denkt, der Ashram ist klein. Eines Tages werdet ihr sehen, dass die Essenschlange sich vom Ashram bis nach Lakshmanjhula erstreckt." (Wenn man alle Leute, die heute hier Essen bekommen, in eine Reihe stellt, reicht diese Reihe wahrscheinlich schon bis Lakshmanjhula.) Am selben Tag sagte er: „Ihr denkt, dass wir von der einen finanziellen Krise in die nächste gehen." (Alle sechs Monate hatten wir eine finanzielle Krise. Entweder waren wir pleite oder wir konnten irgendwelche Schulden nicht bezahlen oder es gab nichts zu essen). „Geld wird kommen. So viel Geld wird hereinfließen, dass ihr nicht die Zeit haben werdet, es zu zählen." Was immer er gesagt hat, ist wahr geworden. Warum? Er wollte nichts, er bat um nichts. Noch nachdem der Ashram gewachsen war, wohnte er in jenem miserablen Kutir am Ufer des Ganges. Es war die ungesündeste Stelle, es war feucht, kalt, dunkel und miserabel, aber er war recht zufrieden damit und wollte da nicht wegziehen. Auf der anderen Seite war er selbst damals äußerst um unseren Komfort bemüht: „Hast du genug Decken? Hast du alles, was du brauchst? Möchtest du gern einen Mantel haben, würdest du gern einen Hut haben?" Diese Besorgtheit um das Wohlergehen aller war außergewöhnlich. Aber das war nicht alles. Er gründete den Ashram um unser aller spirituellen Evolution willen. Jeder Ziegelstein hier singt seine Verehrung.

An zweiter Stelle nach dem Verteilen des Prasad erfreute er sich an der Verbreitung von spiritueller Literatur, Büchern. Er verschickte sie kostenlos an Hunderte von Menschen auf der ganzen Welt. Die Pakete mussten registriert werden, und jedes musste von ihm berührt und gesegnet und die Adresse von ihm überprüft werden. Er sagte: „So übergebe ich das Buch an den Empfänger, obgleich dieser Empfänger tausende von Meilen entfernt ist." Geben, geben, geben, geben und das Geben hatte seinen Ursprung nicht in Eitelkeit, nicht in Erwartung einer Gegenleistung, sondern in dieser reinen, göttlichen Liebe. Seine Liebe nahm die Form von Dienst, vom Geben von Essen, Geben von Wissen und Geben seiner selbst in jeder Hinsicht an. So war die wunderbare Natur des göttlichen Wesens, zu dessen Füßen man heute sitzt.

Glossar

Abhayam Furchtlosigkeit, Mut

Abhyas Übung

Achara Verhalten, Lebensstil

Acharya Lehrer, Meister

Adhikari qualifizierter, reifer Suchender

Advaita Nicht-Dualität, Monismus

Ahimsa Nichtverletzen

Akarta Nicht-Handelnder

Akhanda ununterbrochen

Alasya Trägheit, Müßiggang

Ananda-bhashpam Tränen der Seligkeit, Freudentränen

Andhra Pradesh Stadt

Anjaneya Name von Hanuman

Archana Darbringen von etwas

Arjuna Schüler Krishnas aus der Bhagavad Gita, Krieger

Arhat vollkommene Seele, Meister

Asana Yogastellung

Ashram ein Zentrum für spirituelle Praktiken; Kloster

Aspirant spiritueller Schüler

Atma Jnana Wissen um das Selbst

Atman Selbst, Seele

Atma-Suddhaye Selbstreinigung, Läuterung

Avadhuta Mensch, der frei von Anhaftung ist

Avarana Schleier der Unwissenheit

Bandha Verschluss; spezielle Übungen im Hatha Yoga

Bhagavad Gita Gesang Gottes, Teil der Mahabarata, heilige Indische Schrift

Bhagavata Gotterfüllter; erleuchtete Seele

Bhagavatam indische Schrift

Bhaitak indische Körperübung

Bhajan Lob Gottes; im Chor Lobgesänge Gottes singen

Bhakti Hingabe

Bhakti Yoga der Yogaweg der Hingabe

Bhav, Bhava Gefühl von Hingabe und Liebe

Bhaya Angst

Bhikku Mönch

Brahmamuhurta Die Zeit von

4-6 Uhr morgens, die besonders günstig ist für spirituelle Übungen

Brahmachari jemand, der das Keuschheitsgelübde abgelegt hat

Brahmacharya sexuelle Enthaltsamkeit; Zölibat

Brahman das Absolute

Chakra Energiezentren

Chitta Unterbewusstsein; Geist, Psyche

Dana Nächstenliebe

Dand indische Körperübung

Darshan Einsicht, Sicht, Vision Gottes oder Sehen heiliger Personen

Daya Barmherzigkeit, Mitleid

Devas himmlische Wesen, Götter

Dharma rechtes Handeln, Rechtschaffenheit

Dharmashala Halle; Wohlfahrtseinrichtung

Darshan Segen, Bezeichnung für Philosophiesystem in Indien

Divine Life Society Name des von Swami Sivananda begründeten Vereins (wie Yoga Vidya e.V.)

Dvaita Dualität

Ekadashi der 11. Tag nach Vollmond oder Neumond, ein heiliger Tag zum Fasten

Gambhira würdig, erhaben, großmütig

Ganesha indischer Gott, steht für das Überwinden von Hindernissen, um anfangen zu können

Gauna Gottesverehrung

Grihastha Haushälter; Berufs- und Familienleben

Grihasthi Haushälter; Mensch, der im Berufs- und Familienleben steht

Guru Lehrer

Gurubhais Schüler eines Lehrers

Guru Bhakti Hingabe an den Lehrer

Guru Seva Dienst am Lehrer

Gurukula System eine Schule, wo der Schüler beim Lehrer lebt und unterrichtet wird.

Homa/Havan indische Feuerzeremonie

Indriyas Sinne; Sinnesorgane

Ishta-Devata ein Aspekt Gottes, den man besonders verehrt; persönlicher Gott

Isvarapranidhana Hingabe an Gott

Jagat Guru „Weltenlehrer“, großer Lehrer

Jalam Taschenspielerei; Betrügerei

Japa Wiederholung eines Namens Gottes; Mantrawiederholung

Janmashtami Geburtstagsfest Krishnas (= Krishna Jayanti)

Jijnasus Menschen, die wissen wollen

Jivanmukta lebendig Befreiter, Mensch der schon zu Lebzeiten selbstverwirklicht ist.

Jnana Weisheit, Wissen

Jnana Yajna Verbreitung von Wissen

Jnana Yoga Yoga des Wissens

Jnani ein Vedantin; Weiser; Erleuchteter

Kamandalu Bettelschale; ein Gefäß, das Mönche zum Wassertragen benutzen, meist die Schale einer harten Frucht

Karana Ursache

Karma Handlung, Schicksal

Karma Yoga der Yogaweg des selbstlosen Handelns

Kashtha Mauna Schweigen, bei dem man auch auf Gestik und Mimik verzichtet

Kirtan lautes Mantrasingen

Koran die heilige Schrift des Islam

Krishna Gottinkarnation, Lehrer Arjunas in der Bhagavad Gita, Wagenlenker

Krodah Hass

Kshama Verzeihung

Kshetra Suppenküche, Speisstation, wo Mönche umsonst Nahrung bekommen.

Kumbhaka Luft anhalten

Kutir Einsiedelei; Hütte, in der ein Entsagter oder Yogi lebt

Likhita Japa Mantraschreiben

Mahabharata indisches Heldenepos

Mahant Gründer oder Vorsitzender einer religiösen Einrichtung

Mahatma große Persönlichkeit; Meister, große Seele

Mahavakya große Aussprüche

Mala Gebetskette

Manasiche Puja mentales Verehrungsritual

Mantra mystische Formel, die eine Huldigung Gottes ausdrückt

Mantra Diksha Einweihung in ein Mantra

Manu Mensch

Mauna Schweigegelübde

Mayatäuschende Kraft Gottes, verantwortlich für Nichtwissen und Unfreiheit

Moha Verhaftung an Dinge und Wesen

Moksha Befreiung

Mrityunjaya Mantra großes Mantra zur Befreiung, Heilung, Segen

Mudras eine Gruppe von Körperstellungen im Hatha Yoga

Mukhya Bhakti Gottesverehrung nach bestimmten Regeln

Mukti Befreiung, Erlösung von der Knechtschaft von Geburt und Tod

Mumukshutwa Wunsch nach Befreiung

Murti Bild, Statue; Idol

Mutt Einrichtung für Mönche; Kloster

Namaskar Verbeugung, Niederwerfung, Verehrung

Nimittabhava Einstellung, ein Werkzeug zu sein

Nirguna ohne Eigenschaften, die Absolute Wirklichkeit

Nirvikalpa Samadhi Vollkommenes Aufgehen in der Wirklichkeit; Verwirklichung der Einheit mit dem Universum

Nirwana „Nichts"; endgültige Selbstverwirklichung und Befreiung

Nishkama selbstloser Dienst, ohne selbstsüchtiges Motiv

Nishtha tiefe Meditation; sich ganz einer heiligen Aufgabe widmen

Nivritti Marga der Weg der Entsagung

Nyama Regeln im Umgang mit sich selbst (Reinheit, Zufriedenheit, Askese, Studium der Schriften, Hingabe an Gott)

Om Urklang, erster Laut im Universum

Pandit Schriftgelehrter

Parivrajaka ein Wander-/

Bettelmönch

Patanjali Autor der Raja Yoga Sutras

Prabhat Pheri religiöse Prozession am frühen Morgen

Prana Lebensenergie oder Atem

Pranayama Atemübungen; Regulierung der Lebensenergie

Prasad Opfergabe, meist Obst

Pratyahara Zurückziehen der Sinne

Prem göttliche Liebe

Puja Verehrungsritual

Raga Dvesha Gefühle von Anziehung und Ablehnung

Rajas eine der drei Eigenschaften (Gunas); Leidenschaft, Unruhe, das dynamische Prinzip in der Natur

Raja Yoga Yoga der Geisteskontrolle

Rama Gottinkarnation Vishnus

Ramayana indische Schrift, Geschichte Ramas

Ramakrishna Name eines Heiligen

Ramanavami Namc eines Heiligen

Rishikesh Stadt in Indien

Rishis Seher

Roti Fladenbrot

Sadhaka Schüler; Übender spiritueller Praktiken

Sadhana spirituelle Praktiken, geistige Übungen

Sadhana Chatushtaya 4 Eigenschaften des Schülers (Viveka, Varagya, Mumukhutwa, Shatsampat)

Sadhu Einsiedler, Mönch

Saguna Absolute mit Eigenschaften; persönlicher Gott

Sahaja Avastha dauerhafter überbewusster Zustand

Sahaja Samadhi natürlicher überbewusster Zustand

Sakshi Zeuge; das Selbst als Beobachter

Samadhi überbewusster Zustand

Sammelan religiöse Versammlung

Samsara Kreislauf von Geburt und Tod

Samskaras Eindrücke im Unterbewusstsein

Sankirtan gemeinsames Singen von Mantras

Sannyasa Entsagung

Sannyasi Entsagter

Sanskrit alte Sprache

Saraswati Göttin der Sprache, der Musik, der Weisheit

Sari Tuch, Gewand der Frauen in Indien

Savikalpa Samadhi Samadhi mit Dualität

Satchidananda Sein, Wissen, Glückseligkeit;

Satsang(a) Zusammensein mit Weisen und Heiligen

Sattwa Reinheit

Sattwig eine der 3 Eigenschaften (Gunas); rein

Satya Wahrhaftigkeit

Seva Dienst

Shaiva Anhänger Shivas

Shakti spirituelle Kraft

Shaktipata Übertragung der Energie durch den Lehrer

Shastra hl. Schriften der Hindus

Shat-Chakra nirupana Wichtiges Werk über Kundalini

Shat-sampat 6 edle Tugenden: Sama (Gleichmut in Freude und Leid), Dama (Beherrschung der Sinne), Uparati (Stillwerden der Sinne), Titiksha (Duldungskraft; Hitze und Kälte ertragen), Shraddha (Glaube), Samadhana (ausgeglichenes Gemüt)

Shivalingam Symbol Shivas

Shivaratri Nacht Shivas, besonderes Fest in Indien

Siddha Meister im Besitz übernatürlicher Fähigkeiten; Vollkommener

Siddhi übernatürliche Fähigkeiten

Sreyas das Gute

Subramanya Gott für inneren Schutz und Kraft

Surdas Name eines nordindischen Heiligen

Swabhava eigene Natur

Swadhyaya Selbststudium

Swapna Traumzustand

Swarupa eigene Form

Swami Mönch; jemand, der sich dem Weg der Entsagung verschrieben hat

Swamiji Anrede für einen Mönch

Swami Krishananda ein Schüler Swami Sivanandas

Swami Satchidananda ein Schüler Swami Sivanandas

Swami Venkatesananda ein Schüler Swami Sivanandas

Tamas eine der drei Eigenschaften; Unwissen, Trägheit

Tapasya, Tapas Askese, Buße

Tilak Punkt auf der Stirn

Titiksha Duldungskraft

Tonga Pferdekutsche

Trataka ununterbrochenes Starren; Augenreinigungs- und Konzentrationsübung

Upanishaden letzter, philosophischer Teil der Veden (indische Schrift)

Vaikuntha der mystische Wohnsitz Vishnus

Vairagi Entsagter, Leidenschaftsloser

Vairagya Entsagung, Leidenschaftslosigkeit, Abneigung gegenüber Sinnesobjekten

Vaishnava Anhänger Vishnus

Vanaprastha „Leben im Wald", Rentnertum: Haushälter, der wie ein Eremit lebt

Vedas = Veden ind. Heilige Schriften

Vibhuti besondere Fähigkeiten

Vichara Befragung, Untersuchung

Vikshepa Unruhe des Geistes

Viraja Homa religiöse Zeremonie beim Eintritt in den Mönchsstand, bei Ablegen des Gelübdes der Entsagung

Vishnu Purana Schrift über den Gott Vishnu

Vivaswan Sonnengott

Viveka Unterscheidungskraft

Vyapaka alldurchdringend

Yajna Opfer

Yamas Regeln im Umgang mit anderen (Nichtverletzen, Nichtstehlen, Enthaltsamkeit, Nichtbestechen, die Wahrheit sprechen)

Yoga Bhrashta jemand, der von einem hohen yogischen Stand wieder zurückgefallen ist

Yoga Vasishta heilige indische Schrift von dem Autor Valmiki

Yogi jemand, der spirituelle Übungen ausführt; ein Schüler auf dem Yogaweg

Yudhishthira Name des ältesten der 5 Pandavas (Bhagavad Gita)

Swami Sivananda

Geboren am 8. September 1887 in der berühmten Familie des Weisen Appayya Dikshitar und verschiedener anderer bekannter Heiliger und Gelehrter, hatte er eine angeborene Neigung zum Studium und der Umsetzung der Vedanta-Philosophie im Leben. Er hatte von Kindheit an das große Bedürfnis, allen zu dienen und empfand ein natürliches Gefühl der Einheit mit der gesamten Menschheit.

Sein großer Wunsch zu helfen und zu dienen führte ihn zu einer medizinischen Laufbahn. Bald fühlte er sich nach Malaysia gezogen, weil er glaubte, dort würde sein Dienst am meisten benötigt. Schon früh während seines Studiums gab er ein Gesundheitsjournal heraus und schrieb umfassend über gesundheitliche Probleme. Er erkannte, dass die Menschen am meisten das richtige Wissen brauchten und verschrieb sich selbst der Aufgabe, dieses Wissen zu vermitteln.

Es war eine göttliche Fügung und ein Segen Gottes für die Menschheit, dass dieser Arzt für Körper und Geist auf seine medizinische Laufbahn verzichtete und sich einem Leben der Entsagung widmete und so in der Lage war, sich nun um den Dienst an der Seele der Menschen zu kümmern. 1924 ließ er sich in Rishikesh am Ganges am Fuß des Himalayas nieder, praktizierte intensive Meditation und spirituelle Übungen und erstrahlte als ein großer Yogi, Heiliger, Weiser und Jivanmukta (lebend Befreiter).

1932 gründete er den Sivananda-Ashram in Rishikesh, 1936 wurde die Divine Life Society ins Leben gerufen, 1948 die Yoga-Vedanta-Akademie. Sie dienten der Verbreitung des spirituellen Wissens und der Schulung der Menschen in Yoga und Vedanta. Im Jahr 1950 unternahm Swami Sivananda eine Vortragsreise durch Indien und Ceylon (Sri Lanka). 1953 berief er den „Weltkongress der Religionen" ein. Er ist Autor von mehr als 300 Büchern und hatte Schüler auf der ganzen Welt — Angehörige aller Nationalitäten, Religionen und Konfessionen.

Seine Werke zu lesen bedeutet, von der Quelle höchster Weisheit zu trinken. Am 14. Juli 1963 erreichte er Mahasamadhi.

Im Yoga Vidya Verlag erschienen:

Das Yoga Vidya Asana-Buch Band 1

Riesiges Erfahrungswissen über die Asanas der Rishikesh-Reihe, wie sie von Swami Sivananda und Swami Vishnu-Devananda gelehrt wurde. In dieses Buch ist das Wissen aus 25 Jahren Yoga-Studium und -Praxis des Autors Sukadev Bretz geflossen. Dieses Buch zeigt sanfteste wie auch die fortgeschrittensten Übungen. Ausgezeichnet für jeden Übenden, der im Hatha Yoga weiter kommen will. Eine Riesenhilfe für die Unterrichtsvorbereitung von Yogalehrenden. Mit 1800 Fotos. Von Sukadev Bretz. Großformat A4. Mit umfangreichem Index zum schnellen Finden der Asanas.

212 Seiten, Paperback.
19,80 Euro. ISBN 3-931854-48-5

Yoga Geschichten

Geschichten und Märchen faszinieren die Menschen seit alters her und waren auch immer schon ein wichtiges didaktisches Hilfsmittel. Die Geschichten in diesem Buch stammen aus klassischen indischen Schriften und wurden von Sukadev Volker Bretz nacherzählt, mit manchen eigenen Interpretationen und Anpassungen an die heutige Lebenssituation, was besonders hilft, ihre Lehren direkt in den eigenen Alltag zu übertragen.

88 Seiten, Paperback.
6,80 EUR. ISBN 3-931854-47-7

Parabeln (von Swami Sivananda)

Die höchste Wirklichkeit, den Weg dorthin, die Aufgaben, Gefahren und Hindernisse unterwegs können leichter durch Geschichten und Gleichnisse vermittelt werden als mit intellektuellen Worten. Darum haben die großen Meister und Meisterinnen in Ost und West immer wieder Geschichten und Gleichnisse erzählt. Swami Sivananda sprach sehr oft in Gleichnissen oder Bildern, die aus dem Beruf oder den Lebensumständen der Menschen und Ratsuchenden stammten. Die Erfahrung aus diesen Gesprächen hat er in diesem Buch kondensiert. So ist jede dieser Parabeln wie ein direkter Ratschlag.

171 Seiten, Paperback.
9,80 EUR. ISBN 3-931854-27-2

Das Yoga Kochbuch

Leckere Rezepte aus aller Welt. Gesund und vitalisierend für Körper und Geist. Mit Erläuterung der Prinzipien der idealen Ernährung für Yoga, Meditation und Bewusstseinserweiterung.

121 Seiten, Paperback.
8,00 Euro. ISBN 3-931854-15-9

Japa Yoga

Dieses Buch beschreibt in leicht verständlicher Sprache die tantrische Theorie von Klang und Mantra, mit wertvollen Hinweisen für den Gebrauch von Mantras. Die Auflistung von früher nur in mündlicher Überlieferung weitergegebenen Mantras ist selbst in Indien einmalig. Wertvolle Ratschläge zu allen Aspekten des spirituellen Lebens runden das Bild ab.

9,80 EUR. ISBN 3-931854-25-6

Klassische Upanishaden

Die Weisheit des Yoga. Die elf wichtigsten Upanishaden in der Übersetzung von Paul Deussen. Du bist nicht dieser Körper, du bist nicht der Verstand, du bist nicht die Emotionen und Gedanken, du bist Atman, das Selbst, und damit in deiner Essenz nichts anderes als Brahman, das Absolute, das Urprinzip oder Gott. Dein wahres Selbst ist unvergänglich, unsterblich, ewig, unberührt von allen äußeren Veränderungen, reines Sein, Bewusstheit an sich (Sat), vollumfängliches intuitives Wissen (chid) und immerwährende Wonne und Glückseligkeit (ananda). Dieses Sat-Chid-Ananda zu erfahren und zu verwirklichen ist das Ziel des Yoga. Aus den Texten der Upanishaniden spricht diese mystische, archaische Erfahrung.

270 S., Paperback.
12,80 EUR. ISBN 3-931854-49-3

Kirtan

Singen von Mantras (Kirtan) ist eine wunderschöne freudevolle Methode zur Erweiterung des Bewusstseins und um zum Gefühl der Einheit mit dem Kosmischen zu kommen. Hier findest Du die Texte der meisten Mantras und Lieder, die wir bei Yoga Vidya während der Satsangs und Seminare singen. Es sind zum großen Teil die Mantras, die auch im Sivananda Ashram Rishikesh, Indien und in den Sivananda Yoga Zentren auf der ganzen Welt gesungen werden. Zusätzlich haben wir einige populäre Lieder aus anderen indischen Ashrams und Lieder in anderen Sprachen aufgenommen. Hier findest Du die Texte zu den Liedern auf der Kirtan-Kassette und -CD.

116 Seiten, Paperback,
4,90 EUR. ISBN 3-931854-22-1

Das zugehörige Kirtan-Notenheft (ISBN 3-931854-23-X) ist ebenfalls erhältlich!

Bitte vollständiges Verlagsprogramm anfordern

Yoga Vidya Verlag
Yoga Vidya GmbH
Wällenweg 42
32805 Horn-Bad Meinberge

mail:info@yoga-vidya.de

Tel.: 05234/87-0,

Fax: 05234/87-1875

Haus Yoga Vidya Silvaticum
Wällenweg 42
32805 Horn-Bad Meinberg
Tel.: 05234/87-0, Fax: 05234/87-1875
E-mail: info@yoga-vidya.de

Haus Yoga Vidya Westerwald
Gut Hoffnungstal 57641 Oberlahr
Tel.: 02685/8002-0, Fax: 02685/8002-20
E-mail: westerwald@yoga-vidya.de
www.yoga-vidya.de

Yoga Vidya Center Frankfurt, Niddastraße 76, 60329 Frankfurt
Tel.: 069/44 40 47, Fax: 069/44 40 71
Email: frankfurt@yoga-vidya.de

Yoga Vidya Center Essen, Viehofer Straße 31, 45127 Essen
Tel.: 0201/3 65 46 87, Fax: 0201/365 46 88
Email: essen@yoga-vidya.de

Yoga Vidya Center Köln, Lübecker Straße 8-10, 50668 Köln
Tel.: 0221/1 39 43 08, Fax: 0221/139 43 09
Email: koeln@yoga-vidya.de

Yoga Vidya Center Koblenz, Schloßstraße 31, 56068 Koblenz
Tel./Fax: 0261/3 40 20
Email: koblenz@yoga-vidya.de

Yoga Vidya Center Mainz, Neubrunnenstraße 8, 55116 Mainz
Tel.: 06131/2 77 60-33, Fax: 06131/2 77 60-34
E-mail: mainz@yoga-vidya.de

Weitere Adressen von Yoga Vidya Kooperationszentren in ganz Deutschland und in der Schweiz im Internet unter www.yoga-vidya.de

YOGA Vidya

Der **Bund der Yoga Vidya Lehrer (BYV)** ist ein Verband deutscher Yoga-Lehrer mit dem Ziel, den klassischen Yoga weiterzugeben und so den Menschen zu dienen.

Bund der Yoga Vidya Lehrer e.V.
Wällenweg 42, 32805 Horn-Bad Meinberg
Tel.: 05234/87-0, Fax.: 05234/87-1875